Building Stronger SMEs

Effective Collaborations and Organizational Activities

中小企業を強くする連携・組織活動

中小企業組織活動懸賞レポートにみる成功事例

一般財団法人 商工総合研究所

はじめに

商工総合研究所は、設立以来、中小企業の連携・組織活動に関する研究に重点的に取り組むとともに、「中小企業組織活動懸賞レポート」の表彰を通じて、中小企業組合などの連携組織に対する助成を行って参りました。中小企業組織活動懸賞レポートは、実務に携わる方々を対象に、様々な連携・組織活動に関するレポートを募集するもので、毎年実体験を踏まえた「熱い思い」や「やりがい」が伝わる作品をご応募いただいております。

本書は２０１６年度に商工総合研究所が設立30周年、中小企業組織活動懸賞レポートが20回目の節目を迎えたのを記念して、これまで蓄積してきた中小企業の連携・組織活動に関する研究成果をまとめるとともに、懸賞レポートの１００点にのぼる本賞等受賞作品の整理・分析を行ったものです。

本書の構成は、まず第１章で中小企業や組織化に関する政策の変遷を解説した後、法制度面や統計資料からみた連携組織の類型や特徴などについて分析しています。そして第２章で中小企業組織活動懸賞レポートの20年の歩みを振り返るとともに、受賞後も新たな取り組みを続けている組合などのインタビュー事例を掲載しています。最後に第3章では、災害時の地域機能の維持・継続を図る取り組みを取り上げ、連携・組織活動の意義と新たな可能性について探りました。事例に興味のある方は第2章から読んでいただくことをお勧めします。

本書から読み取れるのは、中小企業にとって連携・組織活動は経営資源の不足を補う有力な経営戦略であるということです。これにより、中小企業は単独では有しない強い力を持つことが可能になりますが、活動の推進力となるのは現場のリーダーや担当者の熱意であり、伴走者として支援機関の果たす役割も重要です。

本書の執筆にあたっては、ご多忙中にもかかわらず、中小企業組合や支援機関の皆様など、多くの方々にご協力をいただきました。心よりお礼申し上げます。本書が中小企業経営者や連携組織の皆様をはじめ、行政機関、中小企業関係機関、中小企業研究に携わる方々のお役に立てれば幸いです。

２０１７年12月

一般財団法人　商工総合研究所
理事長　江崎　格

目次

目次

第1章 中小企業の組織化と連携組織・支援機関

本章ではまず中小企業の組織化の概念を整理し、中小企業観と中小企業政策・組織化政策の変遷について概観する。次に法制度面からみた組織化の類型と中小企業組合制度、新たな連携組織制度について説明を加える。また、「中小企業組織活動懸賞レポート」の主たる活動の舞台となっている団地組合、商店街、異業種連携組織、の３つの連携組織の特徴や属性などを確認する。そして最後に中小企業の連携・組織活動を支える支援機関及び商工中金の取り組みについて説明することとする。

❶ 組織化と中小企業政策

(1) 組織化の概念

全国中小企業団体中央会編（２００３）『中小企業組織論』では、中小企業の組織化の概念、役割、目標・機能について以下のとおり整理・分析している。（注１）

まず、中小企業の組織化の概念については、〝①複数の中小企業者が、特定の目的のために、②計画的、秩序的、継続的に、③その力を組合わせる自主的な体系である（稲川宮雄『中小企業の協同組織』中央経済社）との定義が最も適切であろう〟と論じている。このように今日では組合組織以外の様々な連携も組織化の一形態に含める考え方が一般的になってきている。

次に組織化の役割については、〝中小企業の組織化には、経済的弱者の結束の効果と、施策受入の媒体としての役割がある。前者は、外部に対する結束と内部に対する結束とがあり、内部に対する結束としては、経営の改善や規模の利益、集積の利益の実現といういわゆる近代化のための効果がある〟と整理している。

最後に、その目標・機能として、①規模の利益を実現する、②小規模なるが故にもっている経営資源の乏しさを補完する、③業界等一定の集団全体の改善発展を図る、ことなどを挙げている[注2]。

(2) 中小企業観と組織化政策の変遷

戦後の中小企業政策の変遷についてみると、１９４７年に「中小企業振興対策要綱」、「中小企業対策要綱」が閣議決定された。そして翌１９４８年に中小企業庁が設置され、中小企業政策の企画立案と実施の体制が整備された。当時は高度成長期以前で好不況の波が激しかったこともあり、大企業と中小企業の格差が大きな問題として認識されるようになり、『昭和32年度年次経済報告（経済白書）』（１９５７）では、〝一国のうちに先進国と後進国の二重構造が存在するに等しい〟という分析がなされた（二重構造問題[注3]）。つまり中小企業はわが国のなかの後進国と指摘されたのである。こうしたなか１９６３年に制定された「中小企業基本法」では、二重構造問題の解決を図ることが政策の基本に位置づけられ、「社会的弱者」である中小企業の経済的社会的制約による不利を是正することが具体的な政策目標とされた。そして、①金融、②組織化、③診断・指導を３本柱として中小企業施策が推進されることとなった。中小企業組合はこのうち②の組織化政策の要としての役割を担うこととなり[注4]、中小企業を組織化し、経営規模の適正化を推し進めることで、大企業との格差是正を図っていくために組合が設立された。なお、当時の組織化の主目的は「規模の経済性」の追求であったことから、「同質を母体とした」同業種型組合が、中小企業組合の主流であった。

　その後わが国経済は高度成長期に入り、労働生産性及びそれを反映する賃金の規模間格差が縮小を続けたこともあり、二重構造問題の妥当性に疑問の声が上がるようになった。『昭和45年版中小企業白書』（１９７０）では、「二重構造の変質」として、〝中小企業の多くは機動力をいかした経営や、管理コストの安さといった大規模経営に対する中小規模経営の有利さを主たる存立基盤とする中小企業へと変化してきたということができよう。（中略）これらのことは中小企業が、かつてのような産業構造の変化にとり残されることが危惧された存在から、今後の産業発展を担っていく重要な経営主体として期待されうる存在へと成長しつつあることを意味するものと考えられる。〟という認識が示され、中小企業観に大きな変化がみられるようになった。

そして高度経済成長が終了し、安定成長期を経てグローバル化、市場の成熟化、情報化の進展、社会のニーズの多様化など経済・社会環境構造が大きく変化するなか、多品種・少量生産型の低成長経済への移行が始まると、組織化に期待される役割も質的に転換を遂げていく。すなわち、従来型の同業種、同業態の量的集積による「規模の経済性」追求の重要性は相対的に低下し、中小企業の持つ異なる経営資源を共有し、それを有効に活用する「範囲の経済性」の追求に関心が集まるようになり、「異質を母体とした」異業種型組合に対する期待が高まってきた。こうした流れを受けて１９８８年に「異分野中小企業者の知識の融合による新分野の開拓の促進に関する臨時措置法」（以下「融合化法」という）が制定された[注5]。異業種企業で構成されることを要件にした組合を支援する法律が制定されたことは、組織化政策の大きな転換点だったといえる。

その後１９９９年に中小企業基本法は全面的に改正され、中小企業政策に関する基本理念が、従来の「格差是正」から「多様で活力ある中小企業の育成・発展」へと転換されることとなった。その背景には中小企業観が大きく変化したことがある。すなわちかつては二重構造の底辺に位置する「社会的弱者」とみられていた中小企業は、「わが国経済のダイナミズムの源泉」として捉えられることとなり、その機動性、柔軟性、創造性を発揮し、わが国経済を牽引していく役割を担うことになったのである。そして本来中小企業が有するこうした特性を最大限に発揮していくためにも連携・組織活動に対する期待が大きくなってきている。

（3）新たな連携組織制度の誕生

上記の通り時代とともに中小企業政策の考え方や組織化に期待される役割が変化し、業種や業態の異なる事業者の「戦略的連携」による新事業展開やイノベーションの創出を期待する声が高まってくるなか、中小企業組合以外の多様な連携についても広く支援するという方向性が示された（交流又は連携又は共同化の推進）[注6]。なお、『平成９年版中小企業白書』（１９９７）によれば、“戦略的連携とは、ある目標（事業の拡大、効率化、多角化、新商品開発等）を持って企業の独立性を維持しつつ、優位性を持つ経営資源と外部経営資源を組合わせること”と定義されている[注7]。このような戦略的連携の重要性が高まるなか、中小企業のネットワーク化の一層の促進とその多様化は必至の状況となり、新たな連携組織制度が次々と誕生した。

主な制度についてみると、１９９８年にＮＰＯ法人（特定非営利活動法人）制度が誕生した。その後21世紀に入り、２００５年にはＬＬＰ（Limited Liability Partnership：有限責任事業組合）制度が創設され、翌２００６年には会社法施行に伴いＬＬＣ（Limited Liability Company：有限責任会社）制度が新設された、また、２０００年から２００８年にかけて行なわれた公益法人制度改革により、民間非営利部門の活動の健全な発展を促し、現行の公益法人制度に見られる様々な問題に対応するために、法人格の取得と公共性の判断を分離した「一般社団法人及び一般財団法人に関する法律」が制定された。これにより創設された一般社団法人制度と一般財団法人制度は、従来の主務官庁による公益法人の設立許可制度と異なり、登記のみによって簡便に法人格を取得できる法人制度で、営利法人である株式会社と同様に収益事業や共益事業などの幅広い活動を行うことができる。なお、同法に基づき設立された一般社団法人または一般財団法人のうち、さらに「公益社団法人及び公益財団法人の認定等に関する法律」により公益性を認定されたものをそれぞれ公益社団法人、公益財団法人という。

ちなみに２０１０年に閣議決定された「中小企業憲章」においては５つの基本原則の１つとして、「経済活力の源泉である中小企業が、その力を思う存分に発揮できるように支援する」が掲げられており、〝中小企業組合、異業種連携などの取組を支援し、力の発揮を増幅する。〟と記されている。このように今日では緩やかな相互補完組織を含めた「連携」という概念が政策上注目を集めるようになってきた。

❷ 法制度面からみた連携組織の類型

法制度等の枠組みに基づき中小企業の連携組織の類型についてみると、法人格を有するものと有していないものに大別される。前者については、中小企業組合、共同出資会社、一般社団法人、一般財団法人、ＮＰＯ法人等があり、後者についてはＬＬＰや任意団体などがある。

(1) 中小企業組合制度

法人格を有する最も代表的な組織である中小企業組合についてみると様々な類型があり、「中小企業等協同組合法」（以下「中協法」という）、「中小企業団体の組織に関する法律」（以下「中団法」という）、「商店街振興組合法」（以下「商振法」という）などの法律に基づいて設立され、また運営することが義務付けられている。[注8] 主な中小企業組合制度についてみると、事業協同組合と企業組合は「中協法」、商工組合と協業組合は「中団法」、商店街振興組合は「商振法」を根拠法としている。

なお、同じ事業協同組合であっても特定の産地の地場産業に従事する中小企業で組織されている組合は一般的に「産地組合」と呼ばれており、特定の下請企業により組織された組合は「下請組合」と呼ばれている。このように組織化に至った経緯や特徴・属性といった観点から「中小企業組織活動懸賞レポート」で取り上げられている連携組織を分類してみると、特に団地組合、商店街、異業種連携の取り組みが目を引く（第2章　**図表Ⅱ-3**）。これらの3類型については後程説明を行うこととする。

(2) 主な中小企業組合制度の概要

『中小企業組合の歴史的展開』（山本貢：2005）によれば、[注9] わが国における中小企業組合制度の流れをみると、大きく分けて（A）同業組合（準則組合）、（B）協同組合、（C）同業組合を母体としつつも相対的独自性を有する工業組合・商業組合、（D）企業組合・協業組合、以上4つに大別できる、と整理・分析している。この考え方に準拠すると中小企業組合は、（A）業界秩序を整備して事業の発展を志向する、（B）組合員の相互協力によって個別事業の改善を図る、（C）両者の折衷、（D）組合員の事業の統合を図る、以上4つの系譜に分類することができる。

中小企業組合の種類は多くそれぞれ特徴を持っているが、組合数上位5組合の系譜は**図表Ⅰ-1**の通りに分類される。また、各制度の特徴及び最近の主な改正内容を要約すると以下の通りである。

①事業協同組合

事業協同組合は、わが国の中小企業組合の約8割を占める最も代表的な組合制度であり、中小企業者が共同して経済事業を行うことによって、経営の近代化・合理化、並びに経済的地位の改善向上を図ることを目的としている。組合制度の系譜上は（B）に該当するが、同業種組

（図表Ⅰ－1）主な中小企業組合の系譜

系譜 ＼ 主な組合の類型		事業協同組合	企業組合	協業組合	商工組合	商店街振興組合
(A)	業界秩序を整備して事業の発展を志向する				○	
(B)	組合員の相互協力によって個別事業の改善を図る	○				○
(C)	(A)と(B)の折衷				○	
(D)	組合員の事業の統合を図る		○	○		

（出所）山本貢（2005）『中小企業組合の歴史的展開』信山社 p.1、2に基づき筆者作成

合については、（C）の性格を有している組合も少なくない。

制度の主な改正内容についてみると、1997年の「中協法」改正により、事業に「新分野への進出支援事業」が追加されたことが大きな変更点であり、改正前は、組合の定める組合員の資格事業に関連しない事業分野に進出する場合には、組合事業として支援することができなかった。また、その後1999年の「中団法」の改正により、事業協同組合は解散手続きを経ずに株式会社への組織変更が可能となった。これにより事業の発展段階や環境変化に応じて柔軟な組織再編を行うことで、最適な組織形態を選択することができるようになった。

②企業組合

企業組合は、個人事業者や勤労者などが自己の資本と労働のすべてを組合に投入し、企業組合自体が1つの企業体として事業を行うことを目的としており、個人が集まって創業する場合に最も適した組合制度といえる。それ故個々の組合員が独立性を維持しつつ組合事業を行う「事業協同組合」とはその性格が大きく異なる。[注10] 組合制度の系譜上は（D）に該当する。

「中協法」によれば、組合員資格については、「事業者」に限定されず勤労者や主婦、学生などの「非事業者」も組合員として参加することができる。そして事業については、商業、工業、鉱業、運送業、サービス業その他の事業を行うことができるとされており、実施する事業について制限はない。このように組合員資格や事業についての制約が少ないことから、小規模な「事業者」が経営規模の適正化を図る場合や、「非事業者」が安定した自らの働く場所を確保する場合に適している。
制度の主な改正内容についてみると、２００２年の「中協法」改正により、組合員資格が拡大され、個人以外に事業をサポートする法人等も一定の条件のもとで「特定組合員」として加入することができるようになったことが注目される。これにより強力なパートナーを組合員として獲得することが可能となり、企業組合を活用した創業や組合事業の充実・強化を後押しすることが期待される。[注11] また、組合員のうち組合事業に従事すべき者の割合（従事割合）と組合の事業に従事する者のうち組合員の占めるべき割合（組合員割合）が変更となり、「従事割合」は２／３以上から１／２以上に、「組合員割合」は１／２以上から１／３以上に緩和された。[注12] 一方、出資配当の限度については、年１割から年２割に引き上げられた。[注13] こうした変更も組合の事業拡大を促すことにつながるものとみられる。

③協業組合

協業組合は、組合員になろうとする中小企業が従来から営んできた事業の全部または一部を統合して、共同で事業経営を行うことで、企業規模の適正化による生産性の向上等を効率的に推進し、その共同の利益を増進することを目的とする。組合制度の系譜上は、企業組合と同様（Ｄ）に該当する。

なお、協業組合が他の組合と大きく異なる点は、㈠協業化が主目的であり、相互扶助を目的としないこと、[注14] ㈡加入には組合の承諾が必要で、任意脱退は持分譲渡の方法によること（加入・脱退の自由なし）、㈢議決権・選挙権に差を設けることができること、㈣剰余金の配当方法を定款で自由に決められ出資配当制限がないこと、㈤組合員１人で出資総額の50％未満まで保有することが可能であること等である。

④商工組合

商工組合は、業界全体の改善・発展を図ることを主目的とし、資格として定款で定められる事業（資格事業）に関する指導及び教育、情報または資料の収集及び提供、調査研究事業を行う。つまり中小企業の業種別業界団体という性格が強い。商工組合には出資制の「出資商工組合」と、非出資制の「非出資商工組合」があり、前者は事業協同組合と同様に共同経済事業を行うことができる。そして両者は定款変更の手続きにより相互に移行できる。また、事業協同組合は「出資商工組合」に、「出資商工組合」は事業協同組合に変更が可能である。組合制度の系譜上「出資商工組合」は（C）に、「非出資商工組合」は（A）に該当する。

制度の主な改正内容についてみると、１９９９年の「中団法」改正により、かつての組合の中心事業であった調整事業が廃止となり、商工組合の性格は大きく変わった。すなわちカルテルを実施するための組織から、業界全体の改善・発展を図ることを主目的とした業種別の業界組織として変貌を遂げた。[注15]また、「出資商工組合」については、１９９７年の「中団法」の改正により、事業協同組合と同様に実施共同事業のなかに新分野への進出支援事業が追加された。

⑤商店街振興組合

商店街振興組合は、商店街単独の組合法「商店街振興組合法」により創設された組合制度で、商店街が形成されている地域において組織される。商工組合と同様に組合員資格や地区についての定めがあり、組合員は、地区内で小売業又はサービス業に属する事業その他の事業を営む者で、当該地域内で組合員資格を有する者の2／3以上が組合員となり、かつ総組合員の1／2以上が小売業またはサービス業に属する事業を営む者でなければ設立することができない。「中協法」による組合との大きな相違は、大企業や非事業者の組合加入を認めている点にある。組合制度の系譜上は、（B）に該当する。

なお、事業協同組合、企業組合、商工組合と異なりこれまでのところ新事業展開や創業を促進するための組合員資格や事業等についての大きな改正はない。しかし、後述の通り来街者の減少などによる商店街の衰退が懸念されるなか、新たな事業を模索している組合は少なくないとみられる。

このように最近の組合制度の改正内容をみると、その主目的は、組合員の「経営資源の相互補完」により新事業展開を促すことに重点が移りつつあることが確認できる。既存の組合制度を有効に活用することで、中小企業の持ち味が最大限に発揮されることが期待されている。

（３）その他の連携組織制度

法人格を有する中小企業の連携組織を、営利法人か、公益法人か非公益法人かという２つの切り口から概括的に比較すると、中小企業組合は非営利の非公益法人という属性を有する。しかしながら、それ以外の新設の連携組織は別の属性を有しており、従来は想定していなかったような多様なニーズにも柔軟に対応することが可能となっている（図表Ⅰ－２）。なお、営利法人は団体の活動によって得た経済的利益をその構成員に分配することを予定しているが、非営利法人は構成員に利益を分配しない。両者の相違はこの点にあり、非営利法人が経済的利益を追求しないということではない。また、公益とは、不特定かつ多数の者の利益に寄与することを意味し、非公益は構成員のための利益に寄与することを意味する。

新設の法人制度についてみると、従来にはなかった非営利組織であるＮＰＯが異彩を放っている。「ＮＰＯ」とは「Non-Profit Organization」又は「Not-for-Profit Organization」の略称で、様々な社会貢献活動を行い、団体の構成員に対し、収益を分配することを目的としない団体の総称である。このうち、特定非営利活動促進法に基づき法人格を取得した法人をＮ

（図表Ⅰ－２）法人格を有する連携組織の比較

	営利	非営利	
公益		NPO法人 公益社団法人、公益財団法人	一般社団法人、一般財団法人
非公益	LLC	中小企業組合	一般社団法人、一般財団法人

（出所）清水透（2014）『中小企業組合理事百科』全国共同出版
p.39に基づき筆者作成

ＰＯ法人と言う。[注16] 同法は、特定非営利活動を行う社団類型の団体に法人格を付与すること等により、ボランティア活動を始めとする市民の自由な社会貢献活動としての「特定非営利活動」の健全な発展を促進することを目的として１９９８年に施行された。そして２００１年には税制上の優遇措置が付与される認定特定非営利活動法人（認定ＮＰＯ法人）制度が創設された。[注17] なお、「特定非営利活動」は、同法第２条（別表）で限定列挙されている福祉、教育・文化、まちづくり、環境、国際協力等20種類の分野に該当する活動であり、不特定かつ多数の利益に寄与することを目的とするものと定められている。

　ちなみに認証・認定ＮＰＯ法人数の推移についてみると、２００２年の改正法施行後急速に増加しており、２０１７年５月末現在認証法人数は５１，６０６、認定法人数は１，０１８となっている。そして定款に記された非営利活動の種類をみると（複数回答）、「保健、医療または福祉の増進を図る活動」、「社会教育の推進を図る活動」、「子供の健全育成を図る活動」、「まちづくりの推進を図る活動」などが多い（**図表Ⅰ‐３**）。このようにＮＰＯ法人は、行政だけでは迅速できめ細かな対応が難しい地域社会の課題の解決に取り組み、行政とともに公益を担っていく可能性を持っており、一般の営利企業とは異なる存在意義を持つ組織である。参考までに過去のＮＰＯに関する研究論文をみると、[注18] ＮＰＯ法人の存在意義として、①新たな起業家の苗床、②「新しい公共」の担い手、③市民の社会参加の促進、④雇用の創出、が挙げられると論じている。

　また、法人格を有しない組織では、２００５年に制定・施行された「有限責任事業組合契約に

（図表Ｉ－３）ＮＰＯ法人の定款に記載された特定非営利活動の種類（複数回答）

別表の号数	活動の種類	比率
第１号	保健、医療又は福祉の増進を図る活動	58.0%
第２号	社会教育の推進を図る活動	48.3%
第19号	前各号（第1～18号）に掲げる活動を行う団体の運営又は活動に関する連絡、助言又は援助の活動	47.1%
第13号	子どもの健全育成を図る活動	46.1%
第３号	まちづくりの推進を図る活動	44.3%
第６号	学術、文化、芸術又はスポーツの振興を図る活動	35.7%
第７号	環境の保全を図る活動	27.4%
第17号	職業能力の開発又は雇用機会の拡充を支援する活動	25.0%
第11号	国際協力の活動	18.6%
第16号	経済活動の活性化を図る活動	17.9%
第10号	人権の擁護又は平和の活動の推進を図る活動	16.9%
第９号	地域安全活動	12.0%
第14号	情報化社会の発展を図る活動	11.3%
第12号	男女共同参画社会の形成の促進を図る活動	9.3%
第８号	災害救援活動	8.2%
第18号	消費者の保護を図る活動	6.2%
第15号	科学技術の振興を図る活動	5.6%
第４号	観光の振興を図る活動	4.7%
第５号	農山漁村又は中山間地域の振興を図る活動	4.1%
第20号	前各号（第1～19号）で掲げる活動に準ずる活動として都道府県又は指定都市の条例で定める活動	0.4%

（出所）内閣府ＮＰＯホームページに基づき筆者作成
（注１）2017年３月末までに認証を受けた51,518法人の定款から集計
（注２）一つの法人が複数の活動分野の活動を行う場合があるため、合計は100%を上回る

関する法律」に基づき創設されたＬＬＰが注目される。ＬＬＰは「人的結合体」という点は中小企業組合制度と共通しているが、営利目的の組合契約であり、組合員は中小企業者に限定されないなど、現行の中小企業組合制度との相違点が多い。主な特徴としては、①出資者全員の有限責任、②内部自治の徹底、③構成員課税の適用、以上３点が挙げられる。ＬＬＰが創設された目的は、リスクの高い事業への投資を誘引することで創業を促進し、アイデア、ノウハウ等の人的資産の活用を促すことで企業間連携や専門的な能力を持つ人材の共同事業を活発化していくことにあり、わが国に先行してＬＬＰの整備を進めてきた米国や英国は、創業の促進や企業同士の共同事業振興に大きな成果を挙げている。[注19] ちなみに帝国データバンクの「平成26年度有限責任事業組合等の活用実績に関する調査（２０１５年３月）」に基づきＬＬＰの現況をみると、総数は制度創設以降毎年着実に増加しており、２０１４年12月末時点で５、３７４であった。ただ、設立数の推移をみると、制度創設の２００５年が５か月間で３７７件、翌２００６年は１、３２７件と急増したが、２００７年以降は減少が続き２０１４年には３９４件となった。伸び悩みの背景としては、制度の知名度の低さや、法人格がないことが指摘されている。業種別には、「学術研究、専門・技術サービス業」（33・7％）が最も多く、次いで「情報通信業」（14・5％）、「卸売業、小売業」（12・4％）、「サービス業（他に分類されないもの）」（7・0％）の順となっており、専門サービス業など人的資産を競争力の源泉とする業種が上位を占めている。経済のサービス化が加速し、企業の競争力の源泉が知的財産やノウハウ、アイデアなどを産み出す人的資本にシフトしていくなか、ＬＬＰの利用価値は今後高まっていくものと期待されている。

❸ 中小企業組合

(1) 新設・解散、組合数の推移

全国中小企業団体中央会の「中小企業組合の設立動向」の統計データに基づき組合設立数の動向をみると、[注20]過去には毎年８００台で安定して推移してきたが、２００７年度は６０４と大幅に減少した。以降も減少傾向が続き、２０１０年度には３０３まで減少した。これ以降は概ね３００台で推移してきたが、２０１５年度には４４０となり、２００８年度の５２８以来７年ぶりに４００を超える増加となった（**図表Ⅰ－４**）。

２０１５年度の新設組合を組合種類別にみると、事業協同組合が４０１と最も多く全体の91・１％を占め、次いで企業組合33（７・５％）となった。なお、企業組合は、１９９９年の中小企業基本法の改正により創業促進が中小企業政策の課題

(図表Ⅰ－４) 2010年度以降の中小企業組合の設立・解散の状況

(年度)

	2010	2011	2012	2013	2014	2015
新設組合数	303	333	339	327	362	440
解散組合数	875	1,067	1,048	748	1,000	722
差引	▲572	▲734	▲709	▲421	▲638	▲282

(資料) 都道府県中央会・全国中央会「組合設立・解散状況調査」
(出所) 全国中小企業団体中央会
「平成28年度版中小企業組合の設立動向」p.1、3
(注１) 火災共済協同組合、信用協同組合の連合会は含まない
(注２) 解散については休眠組合措置等による解散命令を含む

となる中で、創業のための組織としての機能が再評価されてきている。

新設組合の業種構成についてみると「融合化法」が制定された１９８８年以降、異業種による組合の設立が増加している。そのシェアの推移をみると、１９８０年時点では全体の４・６％に過ぎなかったが、１９９０年には18・８％に達した。その後は年による変動はあるが、概ね10～20％台半ばのシェアを維持しており、直近の２０１５年度は32・５％となった。このように異業種組合の存在感が高まってきている。

一方、組合の解散状況であるが、組合の解散には、自主的な解散と、法律で規定されている休眠組合整理措置による命令解散がある。近年、低成長経済と構造変化の進展の影響から、解散組合が増加している。過去には１、０００前後の解散が続いた時期もあり、現在においても設立組合数を上回って推移している。２０１５年度は解散全体で７２２、うち自主解散は５１９であった。なお前述の通り、１９９９年の法改正により組合（事業協同組合、企業組合、協業組合）から会社への組織変更が可能となったが、以降２０１５年度までに会社に組織変更した組合は５８２組合となった。内訳は事業協同組合からが３０６、協業組合からが１８０、企業組合からが96である。

また、組合数の推移についてみると、組合制度が創設された１９４９年以降経済の高度成長とともに増加基調が続き、１９８１年に５８、７２１とピークに達した。その後は前述の通り総じて解散組合数が設立組合数を上回る状況が続いており、２００２年以降は15年連続で減少した。

その結果２０１６年３月末の組合数は３６，７９３と、ピーク時対比約37%の減少となった（**図表Ⅰ－５**）。これは、今から約50年前の１９６６年（12月）の水準である。現在のわが国経済の規模はその当時の約４倍であることを勘案すれば、中小企業組合に対するニーズは大幅に低下してきていると言わざるを得ない。

なお、２０１６年３月現在の中小企業組合を種類別にみると、最も多いのは「事業協同組合」であり、全体の78・７%と圧倒的多数を占めている。次いで「商店街振興組合」６・８%、「企業組合」４・９%、「商工組合」３・２%、「協業組合」２・１%の順となっている。これら５

（図表Ⅰ－５）中小企業組合数の推移

年	合計	事業協同組合		商店街振興組合		企業組合		商工組合		協業組合		その他	
			構成比		構成比		構成比		構成比		構成比		構成比
1949	2,705	1,896	70.1%			394	14.6%					415	15.3%
50	19,350	13,482	69.7%			5,103	26.4%					765	4.0%
60	27,125	20,095	74.1%			5,117	18.9%	624	2.3%			1,289	4.8%
70	45,325	35,494	78.3%	961	2.1%	5,001	11.0%	1,551	3.4%	559	1.2%	1,759	3.9%
80	57,900	46,075	79.6%	1,836	3.2%	5,036	8.7%	1,800	3.1%	1,124	1.9%	2,029	3.5%
90	48,581	38,491	79.2%	2,301	4.7%	2,477	5.1%	1,794	3.7%	1,441	3.0%	2,077	4.3%
2000	48,817	39,312	80.5%	2,630	5.4%	1,978	4.1%	1,601	3.3%	1,342	2.7%	1,954	4.0%
10	40,094	31,706	79.1%	2,576	6.4%	1,978	4.9%	1,267	3.2%	910	2.3%	1,657	4.1%
2016	36,793	28,970	78.7%	2,504	6.8%	1,806	4.9%	1,174	3.2%	784	2.1%	1,555	4.2%

（資料）中小企業庁、厚生労働省調べ
（出所）全国中小企業団体中央会「平成28年度版中小企業組合の設立動向」p.64
（注１）1949、1950、1960年は12月、1970年以降は３月末現在。ただし生活衛生関係の組合は当該年度の12月末現在（2000年度は９月１日現在）
（注２）その他は信用協同組合、生活衛生同業組合、協同組合連合会など
（注３）1952年に信用協同組合の信用組合への移行、1960年に休眠組合の整理（指導等の対象からの除外）が行われた。また、1981年以降３年毎に計12回休眠組合の整理（職権による解散登記等）が行われている

種類の組合数の推移についてみると、「事業協同組合」、「企業組合」、「商工組合」、「協業組合」は１９８０年代の前半を境に減少傾向に転じた。一方、「商店街振興組合」は、その後も増加が続いた後１９９０年代の後半を境に減少に転じたが、そのペースは他よりも緩やかである。

(2) 事業協同組合の現況

全国中小企業団体中央会の「事業協同組合（同連合会）、商工組合（同連合会）に係わる実態調査」（２０１５年８月調査）に基づき、代表的な組合である事業協同組合の現況についてみると以下の通りである。(注21)

組合員数の分布は「20人以下」（32・０％）が最も多く、次いで「21～50人」（29・１％）、「51～１００人」（17・６％）の順となっている。最近３年間の組合員数の傾向として、「減少傾向にある」が48・５％と多く、「あまり変化はない」は43・７％、「増加傾向にある」は６・２％であった。

出資金の分布は、「５００万円以上１、０００万円未満」が15・７％と最も多く、次いで「１００万円以上３００万円未満」（15・４％）、「３、０００万円以上５、０００万円未満」（11・８％）の順となっている。また、組合の主要収入は、「共同経済事業（共済・金融事業を除く）」が42・９％と最も多く、次いで「賦課金」が32・９％となっている。最近の総収入については、減少傾向とする組合が多い。

現在、組合で実施している事業についてみると、「情報の収集・提供」（56・６％）、「共同購買・仕入」（56・０％）、「組合員・従業員の福利厚生」（54・２％）などが多い。また、「従業員の教育・訓練」は39・４％、「共同宣伝・販売促進・イベント」は28・８％となっている。これに対し、今後重点的に取り組みたい事業としては、「従業員の教育・訓練」（12・５％）、「共同購買・仕入」（10・７％）、「共同受注」（９・６％）、「共同宣伝・販売促進・イベント」（９・２％）、「情報の収集・提供」（９・０％）などが多くなっている。また、今後、取り組んでいくことが必要だと考える組合員支援策としては、「人材（女性・若者等）活用・育成支援」と「事業承継支援」がともに28・６％と最も多く、次いで、「（組合員の）販路開拓」（20・９％）、「環境・安全問題への支援」（20・２％）の順となっている（**図表Ⅰ-６**）。

なお、組合間の連携については、「現在、実施している」（28・８％）、「過去に実施していた」（７・６％）であり、36・２％の組合が組合間連携にかかわっている。これらの組合にその成果を尋ねたところ、「組合等のイメージアップ」（23・４％）、「人事交流の促進」（22・７％）、「業務の効率化」（21・８％）、「新しい取引先・市場の開拓」（17・９％）が多かった。

また、商工中金と商工総合研究所が２０１３年４月に実施した「組合実態調査」に基づき、決算状況及び活動状況についてみると以下の通りである。[注22]

組合の現在の決算状況（利用分量配当前）については、黒字を計上している組合が56・８％と過半数を占めており、収支均衡が27・２％、赤字が16・０％となっている。前回調査と比較する

(図表Ⅰ－６）今後取り組んで行くことが必要だと考える組合員支援策（複数回答、n＝1,537）

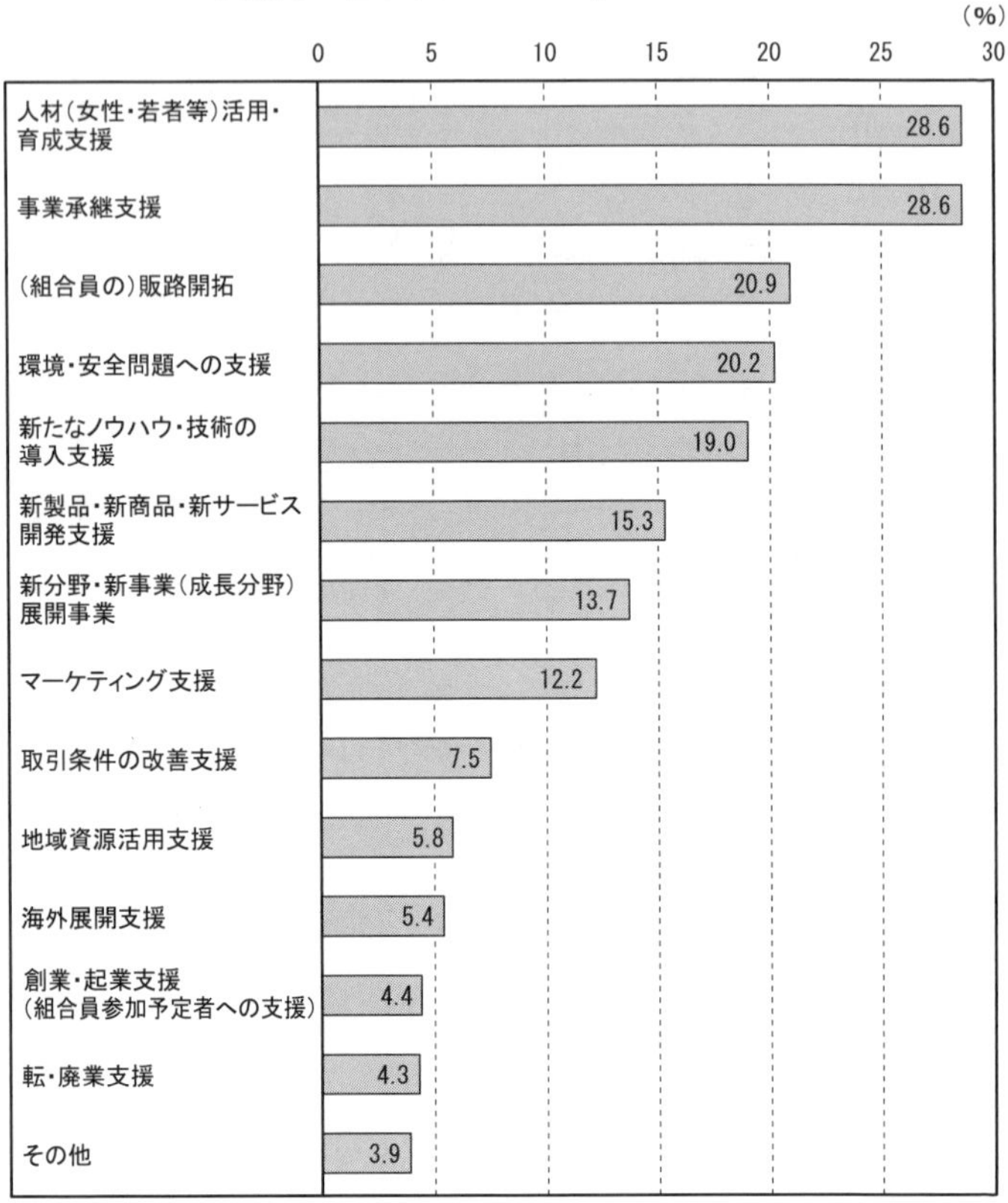

（資料）全国中小企業団体中央会（2016）『平成27年度中小企業組合制度研究会報告書【資料編】』p.31

と黒字組合の比率が高まっている。

組合の活動状況についてみると、「活発である」という組合が８・２％、「まずまず活発である」が43・５％を占めており、両者を合わせると過半数に達している。しかしながら、「あまり活発でない」が29・６％、「活発でない」が16・９％を占めており、ＤＩ値を用いて検証してみると48・３となり、活発とはいえない状況にある。[注23]

❹ 団地組合

(1) 高度化事業制度の概要

はじめに団地組合が誕生する契機となった高度化事業制度について簡単に説明を行うこととする。高度化事業制度とは、中小企業者が共同して経営基盤の強化を図るために組合などを設立して、工場団地・卸団地、ショッピングセンターなどを建設する事業や、第三セクターや商工会などが地域の中小企業者を支援する事業に対して、独立行政法人中小企業基盤整備機構（以下「中小機構」という）と都道府県が一体となって資金及びアドバイスの両面から支援する政策性の高い融資制度である。

制度利用による具体的な効果についてみると、利用者は20年間の長期にわたり低利の固定金利による資金調達が可能となる（**図表Ｉ－７**）。また、計画作成時および貸付後の経営面のアドバイスなどのサポートや固定資産税の軽減、事業所税の非課税等税務上の優遇措置を受けることができる等のメリットが得られる。また、団地が進出した地域にとっても開発を通じて雇用の確保、事業活動の活発化が図られるなどそのメリットは大きい。

高度化事業制度の歴史は古く、これまでに度重なる改正が行われてきているが、現在中小企業者が実施する主な事業としては、集団化事業、集積区域整備事業、共同施設事業、施設集約化事業などが挙げられる。[注24] このなかで団地組合に最も関連のある事業は集団化事業である。

集団化事業とは、市街地などで事業を営んでいる中小企業の事業所の狭隘化、公害問題対応等の問題の解決を図るために、中小企業者が事業協同組合などを設立し、移転計画を作成したうえで適地に集団で移転し、すべての組合員が一の団地又は建物の内部に施設を整備するとともに、適切な共同事業を実施し、組合員の経営基盤の強化を図る事業である。

（図表Ⅰ－７）高度化事業制度の貸付条件

貸付対象施設	貸付対象事業を実施（リニューアルを実施する場合を含む）するために必要な土地、建物、構築物、設備であって、資産計上されるもの
貸付割合	原則として貸付対象施設の取得に要する額の80％以内
貸付期間	20年以内（うち据置期間は3年以内）
貸付金利（平成29年度貸付決定分）	年利0.45％（償還期限まで固定）または無利子（各事業の無利子貸付の要件に該当したものに適用）。ただし、金利は固定金利、中小機構の事業運営コスト等と市場金利を勘案して毎年度設定する

（出所）中小機構ホームページに基づき筆者作成

（2）団地組合の誕生

一般的に「団地組合」とは、集団化事業の推進母体として設立された事業協同組合を指す。[注25] 代表的な「団地組合」である工場団地と卸団地についてみると、工場団地制度は1961年に「中小企業振興資金等助成法」に基づき、立地条件の悪化した中小企業の集団移転による総合的協業化を促進するために「工場等集団化事業」として創設された。また、卸団地制度は1963年に「中小企業近代化資金助成法」に基づき、中小卸売業の高度化を促進するために「店舗等集団化事業」として創設された。[注26] その後集団化事業の拡充・強化とともに全国各地に団地組合が設立され、中小企業の高度化を牽引する役割を果たしてきた。しかしながら1980年代以降制度の利用は減少傾向にあり、2000年度以降は新設の団地組合は激減している（図表Ⅰ－8）。

（図表Ⅰ－8）団地組合の高度化資金利用実績

年度	新規の融資件数	新規以外の融資件数	新規の貸付額（億円）	新規以外の貸付額（億円）	貸付額計（億円）
1967～1970	210	419	268	396	664
1971～1980	326	1,341	1,591	3,415	5,006
1981～1990	170	1,168	1,967	3,964	5,931
1991～2000	117	718	1,684	3,780	5,464
2001～2013	14	132	169	535	704
合計	837	3,778	5,679	12,091	17,770

（出所）中小機構資料に基づき筆者作成
（注1）期間中の融資件数、貸付額の累計
（注2）新規以外の融資は既往団地に対する補完事業（団地の拡張）、団地再強化事業、施設再整備貸付等
（注3）貸付額については単位未満を四捨五入により計上

（3）団地組合の現況

前掲の「組合実態調査」によれば、団地組合の決算状況、活動状況、現在実施している共同事業については以下の通りである。[注27]

決算状況（利用分量配当前）についてみると、黒字計上比率が65・4％、赤字計上比率は13・4％となっており、その他の事業協同組合と比較すると前者が高く、後者が低くなっており、相対的に収支は良好である。

組合の活動状況についてみると、「活発である」が7・4％、「まずまず活発である」が48・3％、「あまり活発でない」が32・8％、「活発でない」が11・5％となっている。ＤＩ値を用いて検証してみると50・5となり、どちらかといえば「活発である」とみられる。[注28]

現在実施している共同事業についてみると、団地組合の実施事業数は4・5とその他の事業協同組合（3・3）よりも多い。事業の内容についてみると、「組合施設（駐車場、会議室等）の賃貸」が76・7％と最も高い比率を占めており、次いで「組合員、従業員の福利厚生」が60・5％となっている。両事業については過半数の組合が実施しており、団地組合に共通した事業といえる。続いて「資金の貸付、手形割引」（39・8％）、「保険代理業務」（36・7％）の順となっている。

また、組合が組合員の事業活動を支援するうえで果たすべき役割についてみると「組合員相互の交流活動支援」、「事務所周辺環境・景観の整備」、「組合施設の開放、地域・コミュニティへの貢献と連携」、「組合活動に資する補助金の取得」などについて積極的に支援していることがわかる(**図表Ⅰ-9**)。

なお、**図表Ⅰ-8**の通り既存の団地組合は1970~80年代に設立されたものが多く、施設の老朽化が進んでおり、リニューアルが必要な時期に差し掛かってきている。

(4) 団地組合の課題

団地組合には様々な

(図表Ⅰ－9) 団地組合が組合員の事業活動を支援するうえで果たすべき役割（DI）

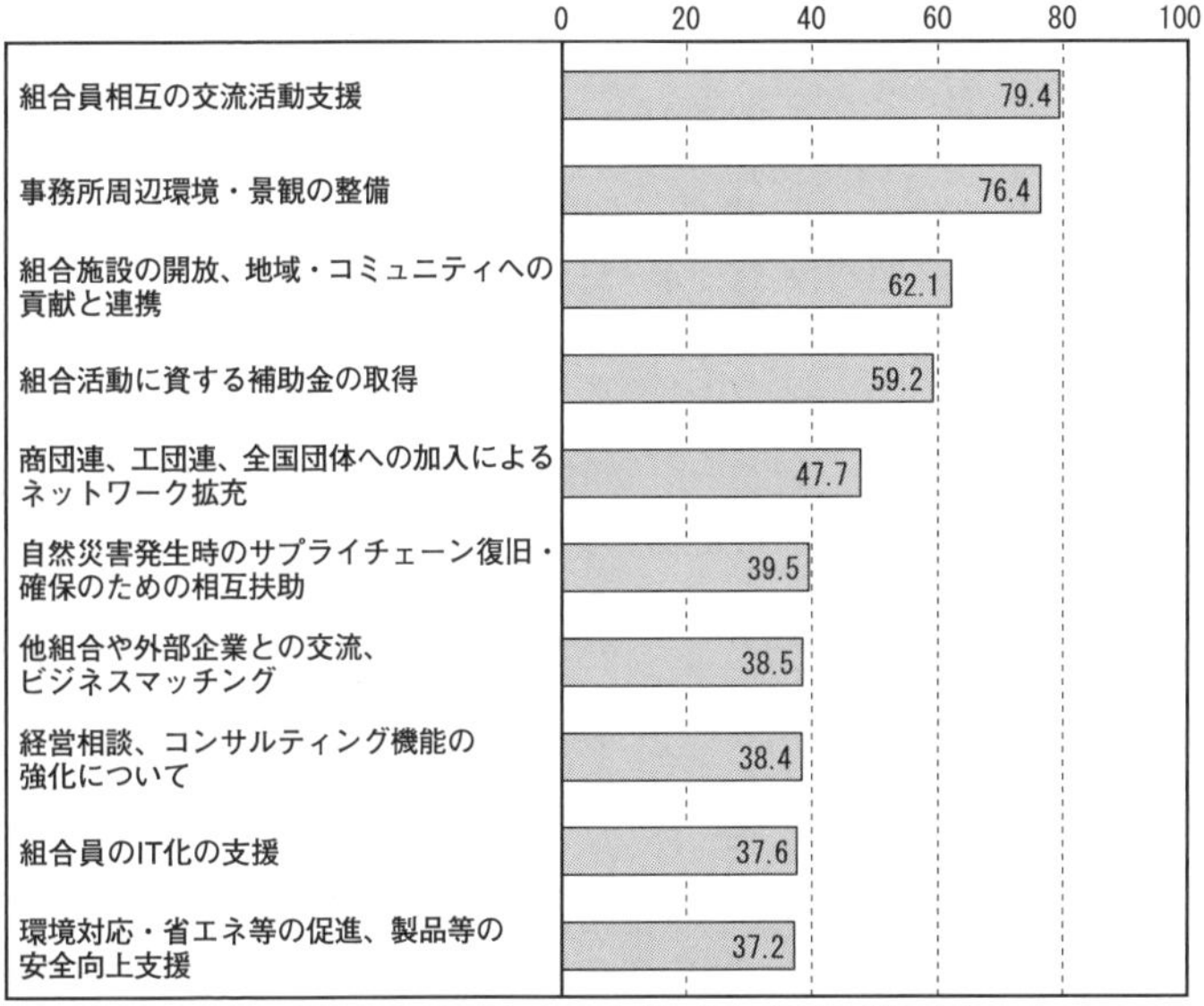

(資料) 商工中金・商工総合研究所（2014）「組合実態調査報告書」
(注１) 具体的な項目（22項目）をあげて各項目について現在の支援状況について確認
(注２) ＤＩ＝「支援してきた」×100＋「どちらともいえない」×50＋「支援していない」×０
目安…どちらかといえば50超は「支援してきた」、50未満は「支援していない」

タイプがあり千差万別である。立地環境等地理的要因、設立の経緯等歴史的な要因、業種構成等の業種要因などの違いがありそれぞれ固有の問題を抱えていることも多いが、ここでは集団化事業を実施した多くの団地組合が直面している共通の問題について考えてみたい。

団地組合は、参加者全員が共通の集団化の目的を持ち、お互い支え合い苦労をともにしながら築き上げてきた組織である。加えて高度化事業制度を利用した場合は借入の際に組合役員全員が連帯保証しており、そういう面からも強い紐帯で結ばれた一体感の強い「運命共同体」であったといえる。しかしその後の時間の経過に伴い団地組合を取り巻く外部環境は大きく変化した。

経済環境についてみると、高度成長期、安定成長期、バブルの発生・崩壊を経て低成長経済へ移行するなかで、組合員の倒産・廃業・脱退等による組合員数の減少や遊休地・空き区画の増加（**図表Ⅰ-10**）や組合員の入れ替えなどが進んだ。

立地環境についてみると、道路・交通網の整備などによりアクセス条件の改善が進む反面、近隣に住宅の建設が進められてきたことなどによる「住工混在問題」などの問題も発生してきた[注29]。

一方、組合内部に眼を転じると、ハード面では団地内施設の老朽化が進んだ。また、ソフト面では高度化返済の終了に伴う（組合役員の）連帯保証債務の消滅、組合員経営者の世代交代の進展などにより設立当初に比べると組合内部の人的なつながりが希薄になってきている（**図表Ⅰ-11**）。

このように団地組合は外部環境、内部環境の変化を受けてさまざまな問題に直面している。し

(図表Ⅰ－10) 団地内の遊休地（余剰地、未利用地）の状況

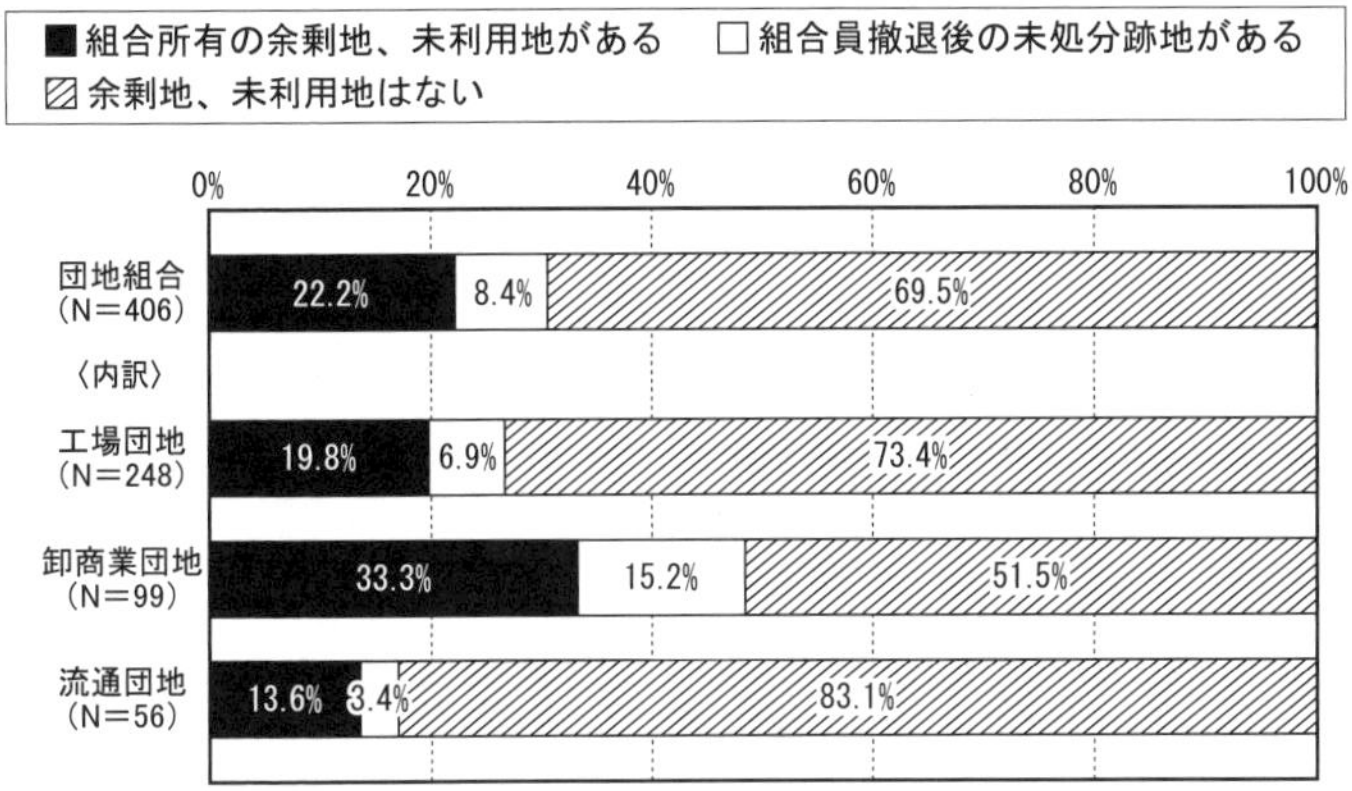

（資料）図表Ⅰ－９に同じ

(図表Ⅰ－11) 組合活動における組合員に起因する課題・問題点

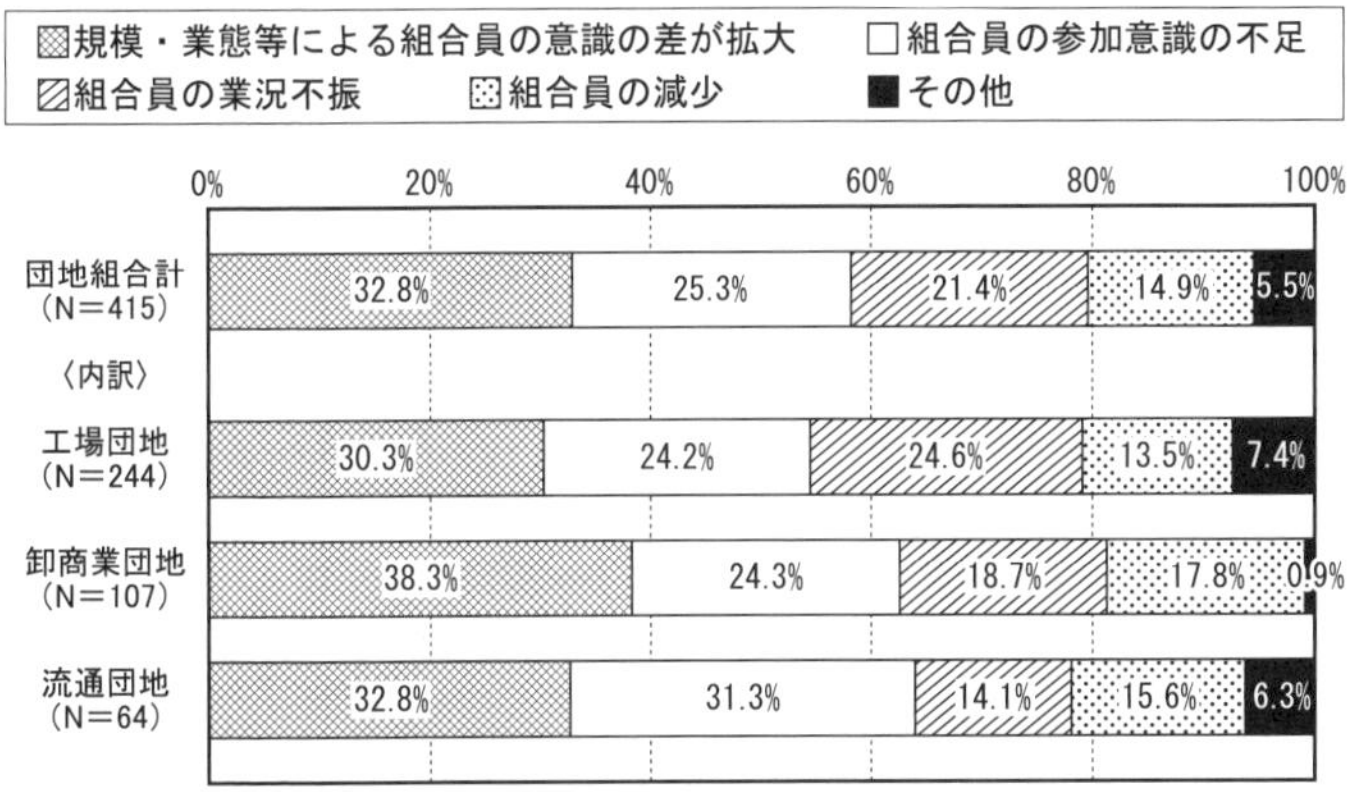

（資料）図表Ⅰ－９に同じ

かも複数の問題が相互に絡み合っていることから一朝一夕にはその解決が難しい状況にある。この結果、総じて組合の求心力が低下し団地組合の生命線ともいえる「組合の一体性」が揺らいできている状況にある。また、ハード面においては「団地の再整備」の必要性が高まってきており、これらの問題をまちづくりや地域との連携と絡めて解決を図ろうとする動きもみられる（図表Ⅰ-12）。団地組合も商店街と同様

（図表Ⅰ－12）団地組合が直面している問題とその関連（イメージ）

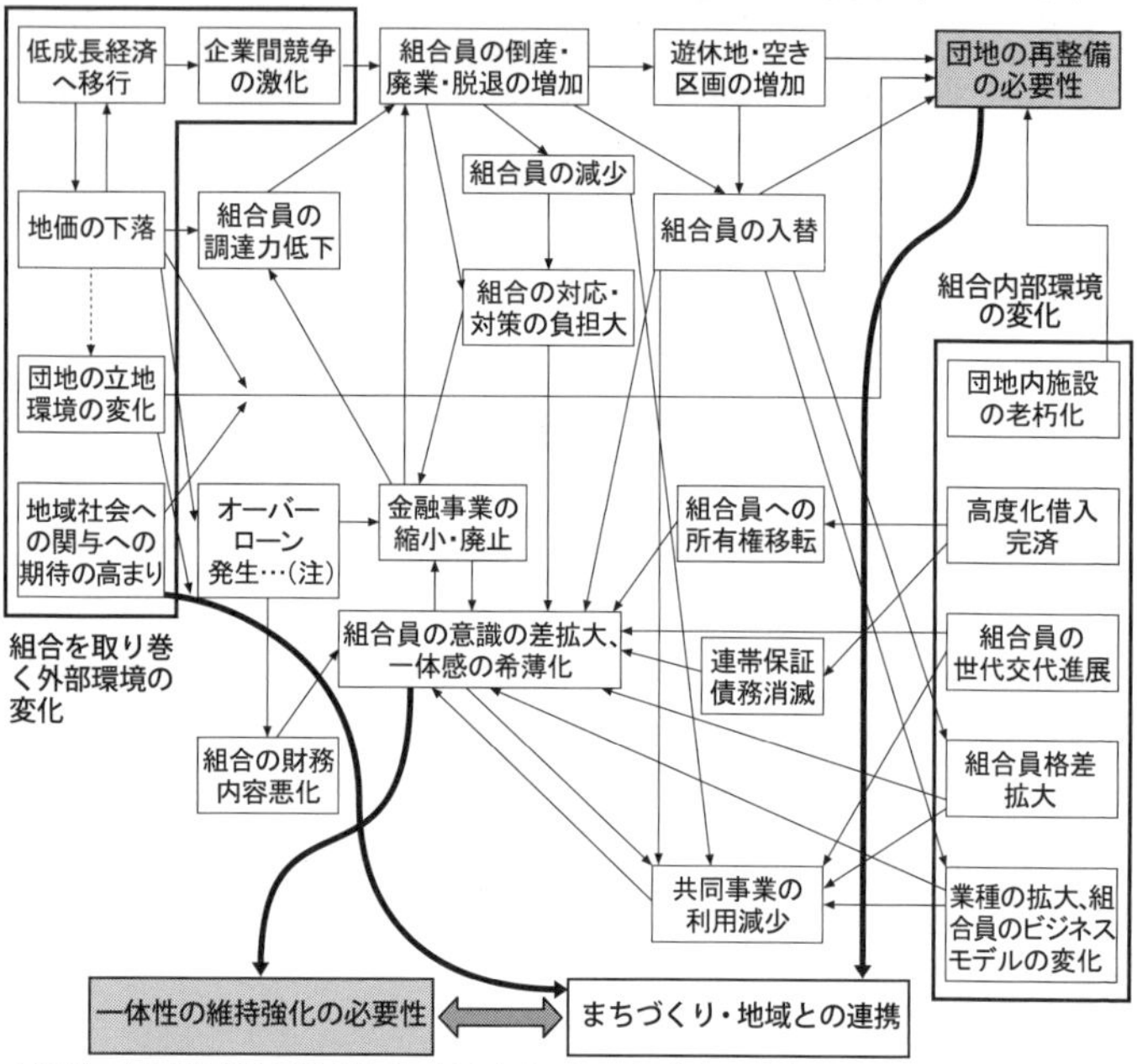

（出所）全国卸商業団地協同組合連合会（2009）「商団連事業活性化中長期ビジョン策定プロジェクト平成20年度報告書」P34に基づき筆者作成
（注）オーバーローン…（金融事業実施）組合の保全＜組合の組合員に対する転貸残高

に、連携組織の構成員が地域コミュニティを形成していることから、組織と立地地域は運命共同体の関係にあると言えよう。

❺ 商店街

(1) 小売商業政策の変遷

商店街について語る前にわが国の小売商業政策の大きな流れを把握しておきたい(図表Ⅰ-13)。1974年に「大規模小売店舗における小売業の事業活動の調整に関する法律」(以下「大規模小売店舗法」という)が施行され、大型店出店に関する規制が強化されていった。しかし、1990年代以降は同法の規制が徐々に緩和されたことに伴い郊外を中心に大型小売店の出店が急増し、中心市街地の空洞化が進んだ。

こうしたなか1998年に「中心市街地における市街地の整備改善及び商業等の活性化の一体的推進に関する法律」(以下「中心市街地活性化法」という)、「大規模小売店舗立地法」、「改正都市計画法」のいわゆる「まちづくり三法」が成立した。各法はそれぞれ、中心市街地に賑わいを取り戻すこと、大型店の周辺環境への配慮、都市計画による大型店等の適正配置によりまちづくりに資することを目的とするものであり、これらの関連法を一体的に推進することで、地域の活性化を実現しようとした。

（図表Ⅰ－13）1970年代以降の主な小売商業政策の変遷

年	主な法律等の制定、改正等	補足説明等
1973	中小小売商業振興法制定	商店街の整備・店舗の集団化・共同店舗等の整備等を通じて中小小売商業者の経営の近代化を促進する
1973	大規模小売店舗法制定…1974年施行	・総合ＳＭ出店規制の必要性の高まりを受けて制定 ・規制の対象（企業→建物）
1974	第二次百貨店法廃止	
1978	大規模小売店舗法改正（規制強化） …1979年施行	大型店の出店規制強化…店舗面積下限引下げ
1989	（日米構造協議開始）	
1991	大規模小売店舗法改正（規制緩和） …1992年施行	・商調協、出店表明・事前説明制度の廃止 ・出店調整処理期間の短縮化（1年） ・種別境界面積の引き上げ
1994	大規模小売店舗法の運用緩和の通達	・店舗面積1,000㎡未満の出店自由化 ・届出が必要な閉店時刻の繰り下げ
1998	まちづくり三法成立 ①中心市街地活性化法制定 ②大規模小売店舗立地法制定 …2000年施行 ③都市計画法改正	・ハード面での環境整備と空店舗対策などの商業振興を関係省庁、自治体、民間が連携して行う仕組を定めた ・TMO（Town Management Organization）機関の構想・計画を市町村が認定
2000	都市計画法改正	・「特定用途地域制度」の新設 ・都市計画区域外における「準都市計画区域」の新設
2000	大規模小売店舗法廃止→ 大規模小売店舗立地法施行	・1956年から続いていた大規模小売店舗に対する経済的規制撤廃 ・経済規制→社会規制
2006	まちづくり三法の見直し （改正の対象） 中心市街地活性化法 都市計画法…2007年全面施行	・名称変更：中心市街地活性化法→中心市街地の活性化に関する法律（中活法） ・基本理念と国・地公体の責務明確化 ・国による認定制度創設 ・中心市街地協議会が法制化
2009	商店街の活性化のための地域住民の需要に応じた事業活動の促進に関する法律（地域商店街活性化法）制定	商店街が、地域住民の生活利便の向上や住民間の交流などの地域住民のニーズを踏まえて実施するソフト事業も含めた事業に対して、法律の認定に基づき各種支援を実施
2015	中活法改正	「コンパクトシティ」の実現に向けて民間投資の喚起を通じた中心市街地の活性化を図る

（注）筆者作成

　しかしながら、「都市計画法」による商業施設の立地調整機能が十分に働かなかったことなどから「大規模小売店舗立地法」施行後は、同法の審査基準を充足しやすい郊外への大型店の立地がさらに促進された[注30]。そのために中心市街地においては商店街をはじめとする中小小売商業者の商圏人口の縮小が続いた。また、郊外においては、次々と進出してくる大型小売店との厳しい競争に晒されることとなった。

　こうした状況を受け、市街地の郊外への拡散を抑制し、まちの機能を中心市街地に集中させる所謂「コンパクトシティ」の考え方が提唱されるようになり、この考え方に基づき２００６年に「中心市街地活性化法」と「都市計画法」の見直しが行われ、中心市街地活性化に向けた枠組みがさらに強化された。ちなみに国土交通省の資料「平成18年まちづくり三法改正前後の大規模集客施設の立地に係る状況について」によれば、大規模集客施設の立地に当たっては、地方公共団体の判断を経ることとされたエリア（第二種住居地域・準住居地域・工業地域、非線引き白地地域）における延床面積が１０、０００㎡を超える大規模集客施設の立地が減少するなど一定の法改正効果があらわれてきている。

　ただ、「コンパクトシティ」に向けた取組については緒に就いたばかりである。小規模小売業についてみると事業所数、従業者数の減少が目立っており、中小小売業者を取り巻く環境は楽観できる状況にはない[注31]。

（2）商店街とは

「商店街」についての明確な定義はないが、中小企業庁『平成27年度商店街実態調査報告書』（２０１６）では、[注32]〝本調査でいう「商店街」とは、小規模、サービス業等を含む者の店舗等が主体となって街区を形成し、これらが何らかの組織を形成しているものをいう。〟と定めている。[注33]これらの商店街の組織形態を法制度という観点からみると、「商振法」に基づく「商店街振興組合」と「中協法」に基づく「事業協同組合」及び法人格を持たない「任意団体」に大別することができる。また、商店街のなかの商店が出資して設立されたまちづくり会社が、商店街を含めた中心市街地の活性化に関連したタウンマネジメントを行っている場合もある。

なお、商業統計では、小売店、飲食店及びサービス業を営む事業所が近接して30店舗以上あるものを一つの商店街と定義しており、この考え方によればショッピングセンターや多事業所ビル（駅ビル、寄合百貨店等）も商店街に含まれることになる。

（3）商店街の現況

前述の『平成27年度商店街実態調査報告書』によれば、都道府県等が所有する商店街名簿による全国の商店街数は１４、６５５で、組織形態別の構成比率をみると、「任意団体」が76・２％、「商店街振興組合」が16・０％、「事業協同組合」が７・８％となっている。同調査ではこれらを基本データ（母集団）としてアンケートを実施している。[注34]結果の概要については以下の通りである。

立地環境をみると「住宅街」が30・2％と最も多く、以下「繁華街」（26・7％）、「駅前・駅ビル」（18・4％）、「ロードサイド」（10・9％）、「オフィス街」（2・6％）と続いている（「その他」7・9％、「無回答」3・3％）。

タイプ別にみると、「近隣型商店街」が50・8％と過半数を占めている。以下「地域型商店街」（35・3％）、「広域型商店街」（6・4％）、「超広域型商店街」（1・8％）と続いている（**図表Ⅰ-14**）。

1商店街あたりの平均店舗数は54・3店で、タイプ別にみると、「近隣型商店街」が44・6店、「地域型商店街」が59・9店、「広域型商店街」が87・8店、「超広域商店街」が129・4店となっている。

また、従前は店舗であったものが、現状空きスペースとなっている「空き店舗」の状況についてみると、平均の空き店舗数は5・3店となっている。空き店舗率[注35]についてみると13・17％となっており、3年前の前回調査と比べると

（図表Ⅰ－14）商店街のタイプ

近隣型商店街	最寄品中心で、地元主婦が日用品を徒歩又は自転車などにより買物を行う商店街
地域型商店街	最寄品及び買回り品が混在し、近隣商店街よりもやや広い範囲であることから、徒歩、自転車、バス等で来街する商店街
広域型商店街	百貨店、量販店を含む大型店があり、最寄品より買回り品が多い商店街
超広域型商店街	百貨店、量販店を含む大型店があり、有名専門店、高級専門店を中心に構成され、遠距離から来街する商店街

（資料）中小企業庁（2016）『平成27年度商店街実態調査報告書』p.12
（注）最寄品：消費者が頻繁に手軽にほとんど比較しないで購入する物品。加工食品、家庭雑貨など
（注）買回り品：消費者が2つ以上の店を回って比べて購入する商品。ファッション関連、家具、家電など

１・45％ポイント減少したものの、６年前の前々回調査以降10％超の状況が続いている。また、最近３年間の１商店街あたりの空き店舗数の変化をみると、「増えた」（31・９％）と回答した商店街が「減った」（13・１％）と回答した商店街を18・８％ポイント上回っており、「変わらない」は49・１％であった（「無回答」５・９％）。そして空き店舗の今後の見通しについてみると、「増加する」が42・６％と最も多くの回答を集め、以下「変わらない」（35・４％）、「減少する」（11・６％）となった（「無回答」10・３％）。

商店街の最近の景況についてみると、「繁栄している」は２・２％、「繁栄の兆しがある」が３・１％と両者を合わせても５％程度にとどまっている。一方、「衰退している」は35・３％、「衰退の恐れがある」が31・６％となっており、景況の厳しさが窺える。ただ、前回調査と比べると、「衰退している」は７・９％ポイント減少し、「衰退の恐れがある」も１・４％ポイント減少した。一方、「繁栄している」、「繁栄の兆しがある」はそれぞれ１・２％ポイント、０・８％ポイント増加した。

最後に商店街が実施している事業についてみると（複数回答）、ハード面では「街路灯の設置（ＬＥＤ化を含む）」（57・６％）、「防犯設備（カメラ等）の設置」（27・２％）、「カラー舗装など歩行空間の整備」（26・４％）などが上位を占めている。一方、ソフト面では「祭り・イベント」（66・０％）、「防災・防犯」（44・１％）、「共同宣伝（マップ、チラシ等）」（40・９％）、「環境美化・エコ活動」（38・０％）などが上位を占めている。

（4）商店街の課題

先程の調査報告書によれば、商店街の抱える問題については（複数回答）、「経営者の高齢化による後継者問題」が64・6％と最も多くの回答を集めた。以下「集客力の高い・話題性のある店舗・業種が少ないまたはない」（40・7％）、「店舗等の老朽化」（31・6％）、「商圏人口の減少」（30・6％）の順となっている（**図表Ｉ-15**）。なお、「空き店舗の増加」については16・3％と相対的にみると比率は高くないが、空き店舗の発生に対する商店街の取り組みについてみると、46・5％が「特に関与していない」と回答しており、前回調査と比べると0・9％ポイント増加した。

商店街が直面しているこのような様々な問題の解決を図り、地域住民のニーズに対応した取り組みを進めていくためには地域の各種団体等との連携を強化していくことが重要になってくると思われる。そこで商店街と地域団体との連携状況についてみると、全体の75・4％が「行っている」と回答している（「行っていない」19・5％、「無回答」5・2％）。具体的な連携先についてみると、「商工会・商工会議所」が70・5％と最も多く、以下「自治会・町内会・婦人会」（63・5％）、「他の商店街」（47・8％）、「市町村等の行政機関」（47・1％）、「まちづくり協議会」（33・3）％の順となった。

(図表Ｉ－15) 商店街が抱える問題
(複数回答：３つまで、N＝2,945)

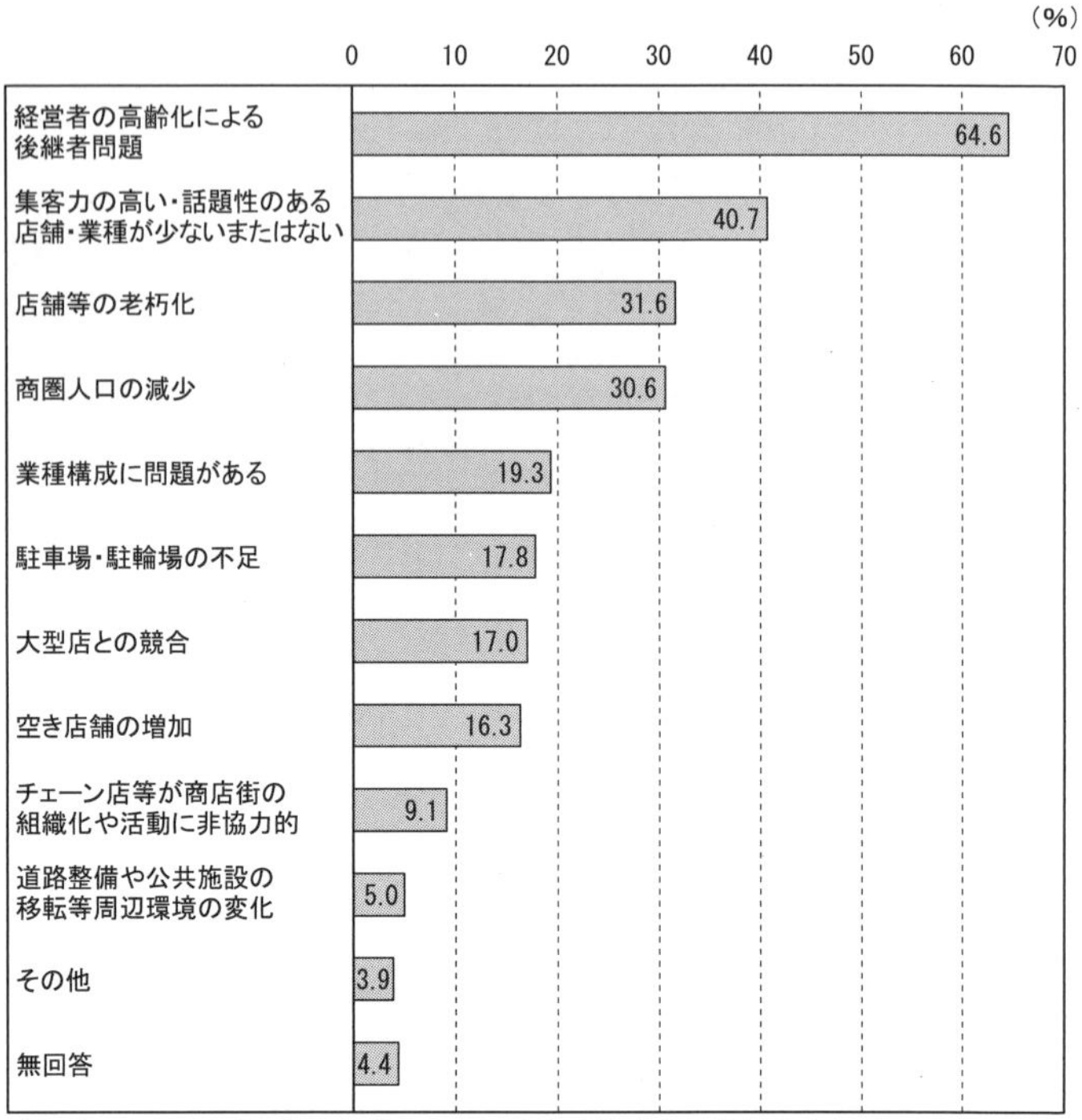

（資料）中小企業庁（2016）『平成27年度商店街実態調査報告書』ｐ.50

❻ 異業種連携組織

ここではまず中小企業の連携・組織活動の多様化を促している異業種連携組織の動向と概要について簡単に説明する。次に新たな事業に挑戦する中小企業をサポートすることを目的とする「新事業創出支援事業」の概要について確認する。なお、同事業は「新連携事業」、「農商工等連携事業」及び「地域産業資源活用事業」の３事業により構成されているが、このうちの前の２事業は異分野、異業種との連携を直接的に支援するものであり、中小企業者の連携事業に対する期待の大きさが窺える。

(1) 異業種交流事業の動向

異業種交流グループの起源については諸説があるが、１９７０年に財団法人大阪科学センターが世話役となって、異業種を集めて「省力化技術研究会」や「新製品開発研究会」をスタートさせ、その後全国に広まっていったのがはじまりであると言われている。その後１９８１年には中小企業庁の「技術プラザ開催事業」が制度化された。これは、異業種交流による技術に関する中小企業のニーズとシーズの出会いの場を提供し、異業種交流をヒト・モノ・カネの面から支援するものであり、都道府県一体となって官主導型で異業種交流グループの結成が全国に展開された。同年版の中小企業白書においても「異業種交流グループ」という項目でいくつかの事例が紹介されており、同年が中小企業の異業種交流元年と呼ばれている。また、１９８３年には中小企業団体中央会が実施主体となって取り組む「異業種中小企業組織化推進事業」が制度化されるとともに、１９８５年には商工会議所、商工会が窓口となって実施する「経営者育成異業種交流事業」がスタートした。なお、これらの中小企業の連携・組織活動の支援機関の概要については後述する。

　異業種連携に関連する法制度についてみると、前述の通り１９８８年に「融合化法」が制定され、１９９５年に同法は「中小企業の創造的事業活動の促進に関する臨時措置法」（以下「中小企業創造活動促進法」という）に統合された（**図表Ⅰ-16**）。そして後述の通り２００５年に「中小企業創

（図表Ⅰ－16）主な異業種連携関連法

年	主な法律の制定	補足説明
1985	中小企業技術開発促進臨時措置法（技術法）	→1995年中小企業創造活動促進法に統合
1988	融合化法	→1995年中小企業創造活動促進法に統合
1989	特定新規事業実施円滑化臨時措置法	→1998年新事業創出促進法に統合
1995	①中小企業創造活動促進法	技術法、融合化法を統合 →2005年中小企業新事業活動促進法に統合
1998	②新事業創出促進法	→2005年中小企業新事業活動促進法に統合
1999	③中小企業経営革新支援法	→2005年に「中小企業新事業活動促進法に改称
2005	中小企業新事業活動促進法	①中小企業創造活動促進法、 ②新事業創出促進法、 ③中小企業経営革新支援法を整理統合 →新連携事業開始
2007	中小企業地域資源活用促進法	
2008	農商工等連携促進法	

（注）筆者作成

造活動促進法」は「中小企業の新たな事業活動の促進に関する法律」（以下「中小企業新事業活動促進法」という）に統合され、新連携事業がスタートすることになる。

異業種連携の動きは、「融合化法」の制定に伴いその後全国に拡がりをみせることになり、前述の通り異業種交流による組合の設立が増加した。こうしたなか、開発や商品化まで進む案件も出てきたが、残念ながら事業化に至るものは少なかった。

ちなみに前掲の「組合実態調査」によれば（複数回答）、異業種交流組合（事業協同組合）が現在実施している共同事業としては、「組合員、従業員の福利厚生」（32・8％）、「高速道路等利用料金の共同精算」（25・4％）、「共同仕入・購入」（23・3％）、「資金の貸付、手形割引」（19・5％）、「外国人研修生共同受入」（19・2％）、「教育訓練・人材開発」（15・7％）、「異業種交流、企業連携、産学官連携」（14・6％）等が上位に挙げられている。

（2）新連携事業

新連携事業とは、事業分野を異にする事業者が有機的に連携し、その経営資源（設備、技術、個人の有する知識及び技能その他の事業活動に活用される資源）を有効に組み合わせて、新事業を行うことにより新たな事業分野の開拓を図ることをいう[注36]。なお、新たな事業分野の開拓とは、市場において事業を成立させることで、需要が相当程度開拓されることが必要であり、具体的な販売活動が計画されているなど事業として成り立つ可能性が高く、継続的に事業として成立することを意味する。これまでの異業種連携では事業化に至るものは少なかったことから、新法では事業化に力点が置かれている点が大きな特徴と言える。

当該事業は2005年に公布・施行された「中小企業新事業活動促進法」を根拠法とする。同法は、「中小企業創造活動促進法」、「新事業創出促進法」、「中小企業経営革新支援法」の3法を整理統合するとともに、新連携事業の支援を加えたもので、①創業及び新規中小企業の事業活動の促進、②中小企業の経営革新及び異分野連携新事業分野開拓（新連携）の促進、③中小企業の新たな事業活動の促進のための基盤整備、について定めている（**図表Ⅰ-16**）。

新連携事業は、同法に基づき共同して「異分野連携新事業分野開拓計画」の認定を目指す中小企業者2者以上が事業主体となる。そして連携体の態様は、中核となる中小企業者（コア企業）が存在し、中小企業者が主体的に参画し、規約等により参加事業者間での役割分担、責任体制等が明確化されていることが求められる[注37]。

(3) 農商工等連携事業

農商工等連携事業とは、中小企業の経営の向上及び農林漁業経営の改善を図るため、中小企業者と農林漁業者とが有機的に連携して実施する事業のことで、両者が通常の商取引を超えて連携し、お互いの強みを活かして売れる新商品・新サービスの開発、生産等を行い、需要の開拓を図ることをいう。つまり、連携により単独では開発・生産することが難しかった新商品・新サービスの開発、生産等を行い、市場で販売していくことで売上や利益の増加を目指す取り組みのことである。[注38] なお農林漁業者には、日本標準産業分類において農業、林業、漁業に該当する事業を行う者の他、これらの者の組織する法人・団体が含まれる。

当該事業は2008年に公布・施行された「中小企業者と農林漁業者との連携による事業活動の促進に関する法律」（以下「農商工等連携促進法」という）を根拠法とし、同法に基づき共同して「農商工等連携事業計画」の認定を目指す農林漁業者と中小企業者が事業主体となる（**図表Ⅰ-16**）。

なお、「新連携事業」、「農商工等連携事業」については、根拠法に基づき連携体メンバー間で規約を作成し、それぞれ役割分担や対外的な取引関係の責任体制等を明確化し、市場関係者から信用を得る連携体内の体制を構築することが必要であり、メンバーの権利・義務が明確になっている。[注39] つまり原則として営利目的のつながりであり、協同組合のように相互扶助の精神を出発点とする連携と性格が異なる。

(4) 地域産業資源活用事業

地域産業資源活用事業とは、2007年に公布・施行された「中小企業による地域産業資源を活用した事業活動の促進に関する法律」（以下「中小企業地域資源活用促進法」という）を根拠法としており、地域の中小企業者が共通して活用することができ、当該地域に特徴的なものと認識されている「地域産業資源(注40)」を活用して、中小企業者が商品の開発・生産、役務の提供、需要の開拓等の事業を行うものである（**図表Ⅰ‐16**）。これまでの認定事業の多くは個社の取組みであるが、「地域産業資源」の認定を受けた取組み以外でも、地域の多様な関係者が連携した面的な取組みにより、地域資源の魅力を活かした地域ブランドによる地域活性化に取り組んでいる事例もある(注41)。このような状況を踏まえて、２０１５年７月に根拠法が改正され、中小企業グループによる地域ブランド化の取組等についての支援が開始されるなど(注42)、同事業に関しても「連携」が重要なキーワードとなってきている。

❼ 支援機関

「中小企業組織活動懸賞レポート」をみると、中小企業の連携・組織活動の支援機関の担当者から応募された作品の多くが高い評価を得ている。これらの支援機関は、総じて広い視野に立脚し、地域の活性化を図っていくためにコーディネーターとなり、中小企業の連携・組織活動を支えている。レポートの内容を整理・分析する前に、主な支援機関である中小企業団体中央会、商工会議所、商工会の概要について確認することとしたい。

（1）中小企業団体中央会

中小企業団体中央会（以下「中央会」という）は、中小企業の振興発展を図るため、中小企業の組織化を推進し、その連携を強固にすることを通じて中小企業を支援する団体である。その生い立ちは、１９５５年９月の「中協法」の改正により中小企業等協同組合中央会として誕生し、１９５８年４月「中団法」の施行に伴い現名称に変更された[注43]。

現在の中央会の組織についてみると、47の都道府県中央会と、これらをとりまとめる全国中央会で構成されている。それぞれの会員についてみると、前者は、都道府県で活動する事業協同組合、事業協同小組合、企業組合、信用協同組合、商工組合、協業組合、商店街振興組合及びこれらの連合会、その他の中小企業関係団体となっている。後者は、47都道府県中央会のほか、全国を地区とする中小企業関係組合・団体等が加入しており、２０１７年３月末時点で、会員団体数の合計は、約２８、０００となっている。

実施事業についてみると、主なものとして指導事業、人材育成事業、調査研究事業、情報提供事業などが挙げられる。各事業の具体的な内容は以下のとおりである。

指導事業としては、各種中小企業関係組合の設立、管理、事業運営、解散、合併、官公庁への諸手続等についての指導、連絡、情報の提供、事務の代行等を行うほか、各種指導資料の作成、組合の特定問題（労働、協業化、下請、地域・保安等）に関する懇談会・研究会の開催、会計・税務・法律等のテーマ別指導及び組合指導コンサルタント（中小企業診断士・中小企業組合士等）による実地指導、商業・サービス業の組織化を推進するための研究会・現地集団指導等を行っている。さらに、組合のみならず多様な形態の組織化を幅広く指導していくため、指導対象の拡大を円滑に進めるべく、これらの形態の組織化の実態把握及び適切な指導方法の確立を図っている。

人材育成事業としては、組合等の組織及び運営並びに組織化指導事業に関して、組合役職員の啓蒙と理解の増進を図るための組合管理者等講習会の開催、今後の中小企業を担う青年経営者等の資質の向上を図るとともに、こうした青年経営者等の活力と創意工夫を活用した組合活動を促進するための青年部講習会・研究会等を開催している。

調査研究事業としては、地域内の中小企業における労働事情を的確に把握し、労働指導、労務管理上の参考とするための調査及び各中央会が組織化指導を行っていく上で重要度の高いテーマについての調査・研究、中小企業の景況並びに経済動向等に関する情報を定期的に収集するための中小企業景況調査を行っている。

情報提供事業としては、組合運営の活発化、活性化を図っていくため、国の各種施策を活用し成功した事例、組合運営の模範事例及び各種重要施策の内容等の情報を収集・加工した組合活性化情報の提供、今後の中小企業に要請されている新技術開発、情報化への対応等のうち、組合で行うことが効果的な共同事業について、先進的組合のノウハウを円滑に他の組合へ移転仲介して活性化を促進するための資料収集・加工を行っている。

このように、中央会は各種中小企業関係組合等を網羅的に組織した総合指導機関であり、中小企業組合をはじめとする連携組織の利益を代表し、その発展を図ることを使命としている。

(2) 商工会議所

商工会議所とは、１９５３年に制定された「商工会議所法」に基づき運営されている非営利の法人組織である。２０１６年４月時点のデータによれば、(注44) 全国で５１５の商工会議所が各々の地域で活動しており、会員数は１２５万を数える。そして、日本商工会議所は全国の商工会議所を会員とし、各地の商工会議所が、「その地区内における商工業の総合的な発展を図り、兼ねて社会一般の福祉増進に資する」という目的を円滑に遂行できるよう総合的に調整し、その意見を代表している。

商工会議所の最大のミッションは、地域の諸問題を解決するため、地域経済社会の代弁者として政策提言、要望活動等を積極的に展開し、その実現を図ることであるが、その他にも、中小企業の活力強化、地域経済の活性化を図るために中小企業支援に積極的に取り組んでいる。具体的には、全国各地の商工会議所に約５、６００人の経営指導員を配置し、人事、労務、財務などの経営相談はもとより、金融相談、さらには税務や記帳指導など、きめ細やかな経営支援を展開しており、窓口相談・巡回件数はこのところ年間１７０万件を超えている。また、地域の中小企業との連携を強化し、「まちづくり三法」を活用した中心市街地の活性化支援や農商工連携、地域資源を活用した地域ブランドの育成などにも取り組んでいる。

（3）商工会

商工会とは、１９６０年に制定された「商工会法」に基づき設立される非営利の法人組織である。また、同法に基づき商工会の健全な発達を図り、もつて商工業の振興に寄与することを目的とする法人として、47の都道府県商工会連合会及び全国商工会連合会が設立されている。ちなみに２０１６年4月時点のデータによれば、全国で１、６６１の商工会がそれぞれの地域で活動しており、会員数は１００万を数える[注45]。

商工会は都市部以外の主として町村の地域に設立され、会員の大半は地域内の小規模事業者が占めている。事業の中心は経営改善普及事業であり、具体的には、商工業に関する相談に応じ指導を行うこと、情報・資料の収集・提供、講習会・講演会の開催、展示会の開催・斡旋、商工会としての意見公表および行政庁などへの具申・建議などである。そのために商工会および商工会連合会には経営指導員および補助員が配置され、地区内の小規模事業者を巡回して経営、技術の指導を行なっている。

⑧ 商工中金

(1) 中小企業の組織化と商工中金

商工中金は、中小企業によって組織された各種組合等の系統金融機関として１９３６年に設立され、中小企業の組織化推進及び中小企業金融の円滑化に取り組んできた。そして２００８年10月に株式会社商工組合中央金庫法に基づき、中小企業団体とその構成員に対する金融の円滑化の目的と機能を維持しながら、それまでの協同組織金融機関から同法に基づく特殊会社となった。

商工中金の主たる目的は、中小企業等協同組合その他主として中小規模の事業者を構成員とする団体及びその構成員に対する金融の円滑化を図るために必要な業務を営むこととされており、創業以来、組合を中心とする中小企業の組織化を支援してきた経験を活かし、中小企業の成長・革新の大きな武器となる企業間連携やネットワーク形成をサポートしている。

(2) 商工中金の融資事案

以下では商工中金がホームページに随時公表している「商工中金ＮＥＷＳ　ＲＥＬＥＡＳＥ」のなかから、同社が取り扱っている連携・組織化支援制度や最近の取り組みなどを紹介することとする。なお、内容は公表当時のものである。

〈地域連携支援貸付制度〉

「地域連携支援貸付制度」は、幅広い事業者が連携し、農林水産物や観光資源等の地域資源を活用して成長を目指す取り組みをサポートする商工中金独自の融資制度である。スキームの概要についてみると、貸付対象は、地域資源の活用に取り組む企業連携体や組合で、商工中金は、期間10年一括償還・成功利払い(注46)の長期資金を供給することで融資先の事業リスクを軽減しつつ、民間金融機関と協調して融資に取り組み、地域経済の活性化を図る。当該制度を活用した融資事案については以下の通りである。

代表事業者（融資先）―株式会社土田鶏卵

設　立　１９８１年	資本金　30百万円　所在地　福井県福井市
従業員数　57名（２０１７年４月現在）	業　種　鶏卵卸売業

共同事業者―株式会社デイリーエッグツチダ

設　立　１９８６年	資本金　30百万円　所在地　福井県福井市
従業員数　26名（２０１７年４月現在）	業　種　養鶏業

共同事業者―越前たけふ農業協同組合

設　立　１９６４年	資本金　28億３百万円　所在地　福井県越前市
従業員数　２１９名（２０１７年４月現在）	業　種　農業協同組合

株式会社土田鶏卵は、鶏卵製造における衛生管理強化と高付加価値商品の開発を目的に、株式会社デイリーエッグツチダと、福井産米の流通を担う越前たけふ農業協同組合と連携し、福井産米の飼料に限定した養卵で、食品のトレーサビリティを確実にし、安心・安全な鶏卵「ふるさと福井の米たまご」を県内スーパーに販売する事業計画を策定した。当該事業のスキームは図表Ⅰ-17の通りである。商工中金は、当該事業が福井産米の活用促進、安全性の高い鶏卵

の消費者への供給等につながり、農業をはじめとした地域経済の活性化に資するものとして、北陸銀行、日本政策金融公庫と協調して必要資金を融資した（２０１７年５月18日　商工中金ＮＥＷＳ　ＲＥＬＥＡＳＥ）。

〈中央会推薦貸付制度〉

「中央会推薦貸付制度」は、中央会の組合事業支援機能と商工中金の金融機能を組み合わせることによって、組合および組合員の事業をより効果的に支援していく商工中金独自の融資制度である。両者が共通の支援テーマを定め、その支援テーマに積極的に取り組む事業者が、中央会から推薦を受けることにより金利優遇を受けられる。具体的な支援テーマは、新設組合支援、ものづくり支援、地域資

（図表Ⅰ－17）事業のスキーム

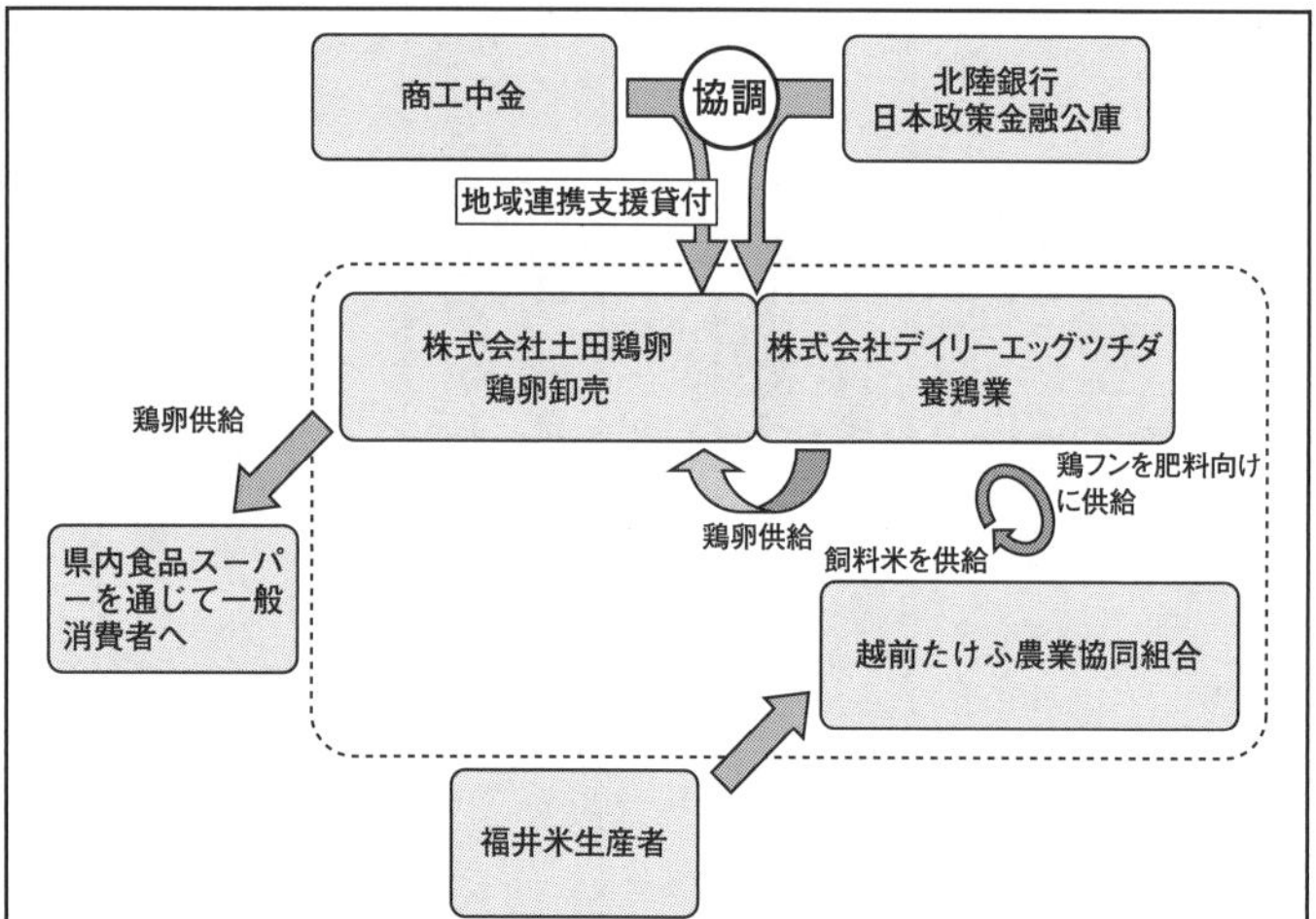

（資料）2017年５月18日　商工中金NEWS RELEASE

源活用支援、事業承継支援、海外展開支援、協業化促進支援、女性・子育て支援、環境対策支援、BCP支援、再生可能エネルギー支援、組合間連携支援などである。当該制度を活用した2つの融資事案については以下の通りである。

①融資先―石川県小売薬業協同組合

設　立　1989年　出資金3・5百万円　所在地　石川県金沢市
組合員数　33（2015年12月現在）　業　種　医薬品卸売業

石川県小売薬業協同組合は、石川県内の小規模薬局薬店33社を組合員とする事業協同組合で、組合員向けに共同受発注システムを構築して、医療用医薬品、一般用医薬品の共同仕入・精算や情報提供を行うなど、小規模事業者の経営に資する共同事業を行っている。今回、同組合は、品目が増えている医薬品の在庫管理の簡素化と調達コストの引き下げという薬局薬店経営の課題に対応するため、組合の共同受発注システムのリニューアルを決定した。新システムは、組合員の薬局同士が処方箋薬をバラ単位やシート単位で融通しあう業務を決済まで含めてシステム化するなど、全国でも先進的な機能で小規模事業者の経営への貢献が期待されている。商工中金は、この取組みを高く評価し、「中央会推薦貸付制度」を活用して必要資金を融資した（2015年12月25日　商工中金NEWS　RELEASE）。

②融資先の概要―ソーシャルマーケティング協同組合

設　立　２０００年　出資金０・７百万円　所在地　大分県日田市
組合員数　27（２０１７年６月現在）　業　種　外国人技能実習生受入・派遣業

ソーシャルマーケティング協同組合は、組合員である地元の婦人子供服製造業者向けに、外国人技能実習生の受入れを共同事業として行ってきた。今回、同組合は、働き手不足に悩む地場の家具、木工製品メーカー等の受け入れニーズを踏まえて、外国人技能実習生の対象業種拡大に向けた事業計画をまとめ、必要な許認可手続きや受入体制の充実を進めることになった。

商工中金は中央会と連携して、事業計画と資金計画のアドバイスを行うとともに、組合が事業拡大のために中古テナントビル１棟を購入して、共同加工所兼事務所、居住施設に改装するための必要資金を融資した。組合は、購入ビルの改装後、組合事務局を移して機能強化を図るとともに、実習生の教育・居住施設および組合員のための共同加工施設として活用し、組合員企業への実習生派遣事業を拡大していくことを計画している（２０１７年７月31日　商工中金ＮＥＷＳ　ＲＥＬＥＡＳＥ）。

〈高度化事業制度への取り組み支援〉

商工中金は、中小企業の高度化事業制度への取り組みについても積極的に支援している。融資事案については以下の通りである。

融資先―航空機部品生産協同組合

設　立	２０１５年	出資金	40百万円	所在地	三重県松阪市
組合員数	10（２０１７年２月現在）			主な事業	工場施設設置及び管理等

航空機部品生産協同組合は、航空機部品生産に携わってきた組合員10社により、２０１５年４月に設立された事業協同組合である。航空機部品は、作業工程毎に複数の下請企業と発注者の間で部品が行き来しながら完成させていくこと（いわゆるノコギリ型発注）が一般的であるが、本事業は、中小企業が同一建屋（共同工場）に集結し、自社工程以外を他社と協業・補完しつつ、自動車産業の生産管理やＩｏＴ等を活用した生産手法等を活用することにより、航空機部品の高効率一貫生産体制の実現を目指している。このような協同組合による航空機部品製造の産業クラスター形成については過去に例が無く、『松阪クラスター』として注目されている。当該事業のスキームは図表Ⅰ‐18の通りである。

商工中金は、三重県や三重県中央会と連携しながら、事業計画の策定や事業協同組合の設立

(図表Ⅰ－18) 松坂クラスターの支援体制スキーム

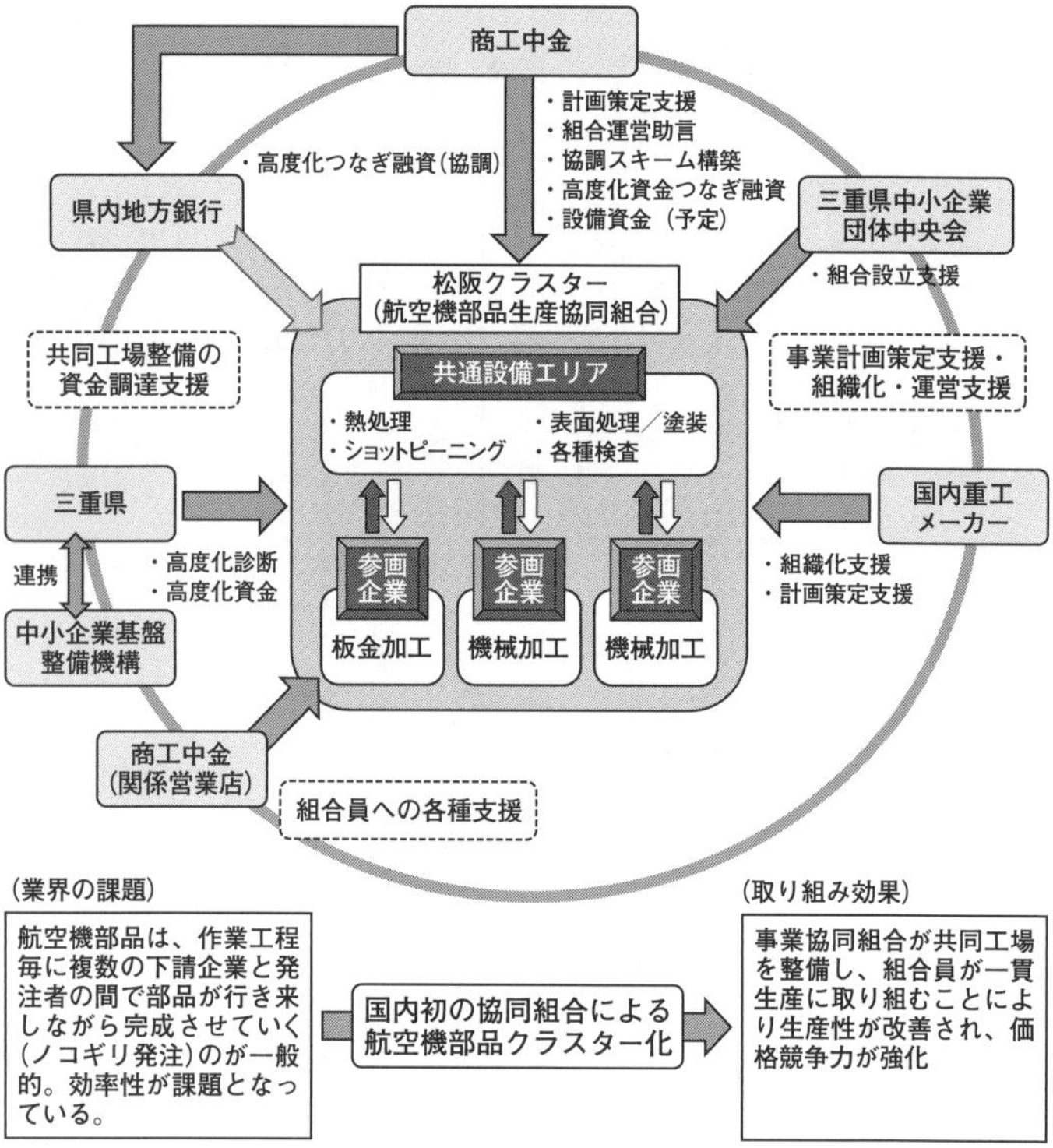

（資料）2017年３月９日　商工中金NEWS RELEASE

・運営助言等をサポートしつつ、資金調達面についても県内の地域金融機関3行と協調して三重県による高度化資金貸付までのつなぎ資金の一部を融資し、共同工場が竣工する運びとなった（2017年3月9日　商工中金NEWS　RELEASE）。

〈復興支援〉

商工中金は、災害や経済環境の悪化などの危機時に、政府の法定指定金融機関としてセーフティネットを発揮することで、中小企業組合等を積極的に支援している。融資事案については以下の通りである。

融資先―女川魚市場買受人協同組合

設　立	1978年	出資金	15百万円	所在地	宮城県牡鹿郡女川町
組合員数	50（2016年9月現在）			業　種	製氷業

女川魚市場買受人協同組合は、長年にわたり地元水産業の中心的役割を担ってきた協同組合で、共同製氷事業に取り組んでいる。東日本大震災により製氷・貯氷施設が全壊したが、同組合は女川町の基幹産業である水産業の復興を図るため、応急的に施設を復旧し生産を再開した。しかしながら、塩害の影響により設備等に不具合が生じる等、製氷事業の実施に支障を来して

いた。このため、同組合は、女川町内の水産関連施設に氷の安定供給を図ることを目的に、現施設を廃止して、女川魚市場の隣接地に新たな製氷・貯氷施設を整備する事業計画を策定し、当該事業を通じて、組合員の生産効率の改善等を図り、組合員の経営安定に貢献していく意向である。

商工中金は、女川町の復興や水産ブランドの再生に貢献する同組合の取組みを高く評価し、東日本大震災特別貸付を活用して必要資金の一部を融資した（２０１６年10月19日　商工中金NEWS　RELEASE）。

【注】

(1) 同書p.160〜167より抜粋

(2) 同書ではこの他にも地域への寄与、地域振興などの社会的・文化的側面等への関与を挙げている（p.166、167）

(3) 同白書では、〝わが国の雇用構造は、一方に近代的大企業、他方に前近代的な労使関係に立つ小企業及び家族経営による零細企業と農業が両極に対立し、中間の比重が著しく少ない〟と分析している

(4) 中小企業庁（2005）「中小企業政策審議会組織連携部会　議論の整理」p.1

(5) その後1995年に「中小企業の創造的事業活動の促進に関する臨時措置法」（「中小企業創造活動推進法」）に統合、2005年に「中小企業の新たな事業活動の促進に関する法律」（「新事業創出推進法」）へ統合された▼❻異業種連携組織　**図表Ⅰ-16**参照

(6) 新基本法第16条

(7) 具体的には、技術連携、共同開発、共同生産、生産委託、販売委託等の様々な形態を持つ（中小企業庁（1997）『平成9年版中小企業白書』p.458）

(8) 「中団法」は中小企業団体を規制する基本的な法律であるが、事業協同組合、事業協同小組合、信用協同組合、協同組合連合会、企業組合並びに中小企業団体中央会についての規定は、「中協法」に譲ることになっている

(9) 同書p.1

(10) 企業組合については、組合の性格上「員外利用」の制限はない

(11) ただし、その割合は総組合員の1／4を超えてはならない

(12) 「従事割合」、「組合員割合」は、出資のみを行う組合員を制限し、組合事業に従事する組合員が組合運営の主体となることを求めたものである

(13) 企業組合、協業組合は出資配当が、それ以外の組合は利用分量配当が原則である

(14) ちなみに企業組合は、経済的弱者が自己防衛のためにつくる組織であり、相互扶助精神を基調とした人的結合体である（全国中小企業団体中央会編（２００３）p.172）

(15) 商工組合が行う指導調査事業は、組合員だけを対象とするものではなく、組合員資格を有する者全体の事業改善の向上のための事業である

(16) ＮＰＯ法人を設立するためには、法律に定められた書類を添付した申請書を、所轄庁に提出し設立の「認証」を受ける必要がある

(17) ＮＰＯ法人のうち実績判定期間（直前の2事業年度）において一定の基準を満たすものとして所轄庁の「認定」を受けた法人は、認定特定非営利活動法人（認定ＮＰＯ法人）となる。

(18) 藤井（２０１２）「ＮＰＯ法人の存在意義と経営課題」『日本政策金融公庫論集』第16号（２０１２年８月）

(19) わが国のＬＬＰ制度は、英国、米国など海外の制度と相違点があることから、敢えて「日本版ＬＬＰ制度」と呼ぶことがある

(20) 「酒税の保全及び種類組合等に関する法律」、「内航海運法」に基づく組合は含まない

(21) 調査時点は２０１５年８月１日、事業協同組合については調査対象組合数２、１６９、有効回収数１、５９９

(22) 調査の対象は商工中金と取引のある事業協同組合で、調査時点２０１３年３月末、調査対象組合数６、５６８、有効回収数３、２９１

(23) ＤＩ＝「活発である」×１００＋「まずまず活発である」×２００／３＋「あまり活発でない」×１００／３＋「活発でない」×０＝48・3、数値の目安はＤＩ50超が「活発」、50未満が「活発でない」

(24) 施設集約化事業については、２００７年度本賞受賞作品「施設集約化で海外単価に挑戦！」参照

(25) 高度化事業制度以外にも公害防止事業団の「工場移転用地造成事業」や「集団設置建物建設事業」を活用して形成された工場団地組合もある

(26) このほかに「貨物自動車ターミナル等集団化事業」、「倉庫等集団化事業」などが集団化事業に追加された

（27）当該調査では組織類型を12に区分しているが、このうち工場団地、卸団地、流通団地の３類型を団地組合とみた

（28）ＤＩの算出根拠については脚注23参照

（29）２０１３年度特賞受賞作品「工業団地における協同組合の使命と事務局の役割」参照

（30）都市計画法によって大型小売店を適切な立地に誘導するとしていたが、実際は立地の規制は緩く、広域的な調整ができず、地域独自の土地利用規制もあまり利用されなかった

（31）『２０１５年版小規模企業白書』(p.72、73)によれば、小規模小売業者(常時雇用する従業員が5人以下)の事業所数はピーク時の１９８１年から２０１２年までの間に半減している

（32）中小企業庁は3年に1度、全国の商店街に対し、景況や直面している問題、取り組んでいる事業等について調査を実施している

（33）同報告書P.9

（34）調査時点は２０１５年11月1日、調査票発送数８、０００、有効回答件数３、２４０

（35）商店街の空き店舗数の合計÷商店街の全店舗数の合計

（36）本制度上では、異分野とは日本標準産業分類における細分類（4桁）が異なるものをいう。ただし同分類であっても持ち寄る経営資源が異なれば異分野とする

（37）２００６年度本賞受賞作品「新連携体『美濃焼輸出プロジェクト』に携わって」参照

（38）２０１１年度本賞受賞作品「滋賀の特産品：鮒寿司由来の新乳酸菌小松菜キムチの開発」、２０１２年度本賞受賞作品「バニラの街久留米・バニラの福岡県南部地域を目指して」、「『萩の地魚、もったいないプロジェクト』の実践」参照

（39）規約の例としては、「連携基本契約」、「秘密保持契約」、「共同開発契約」、「製造販売契約」などがある

（40）各都道府県が指定する農林水産物や鉱工業品、鉱工業品の生産に係る技術、文化財、自然の風景地、温泉その他の地域の観光資源などとされている

(41) ２００８年度本賞受賞作品「県産ニンニクのヌーベル・バーグを求めて」、２０１４年度本賞受賞作品「提案型『組合間連携』支援の取組み」参照

(42) 市町村が旗振り役となり、地域の実情に通じた様々な関係者と連携しながら、地域を挙げて「ふるさと名物」（地域資源を活用した商品・サービス群）を応援することを宣言する、「ふるさと名物応援宣言」などで積極的に関与する。ちなみに２０１７・７・26時点の応援宣言数は、１２５の地区町村１２７宣言である

(43) 脚注８参照

(44) 日本商工会議所（２０１６）「商工会議所とは」（平成28年6月現在）

(45) 全国商工会連合会ＨＰ参照

(46) 債務者の直近決算の経常損益が赤字の場合は０・６％、黒字の場合は商工中金所定の金利とする

【参考文献】

○稲川宮雄（１９７１）『中小企業の協同組織』中央経済社
○亀澤宏徳・内田衡純・笹井かおり（２００８）「中小企業基本法改正後の中小企業政策の展開と最近の動向」『立法と調査』２００８・10 No.287
○経済企画庁（１９５７）『昭和32年度年次経済報告（経済白書）』
○経済産業省（２００５）「有限責任事業組合契約に関する法律について」
○経済産業省（２０１０）「中小企業憲章について」

○国土交通省「平成18年まちづくり三法改正前後の大規模集客施設の立地に係る状況について」
○清水透（２０１４）『中小企業組合理事百科』全国共同出版
○商工総合研究所（１９９９）『新たな組織化形態の動向について』平成11年９月
○商工中金ＮＥＷＳ　ＲＥＬＥＡＳＥ
○商工中金・商工総合研究所（２０１４）「組合実態調査報告書」『商工金融』２０１４年５月号
○全国卸商業団地協同組合連合会（２００９）「商団連事業活性化中長期ビジョン策定プロジェクト平成20年度報告書」
○全国中小企業団体中央会編（２００３）『中小企業組織論』（第６版）中小企業情報化促進協会
○全国中小企業団体中央会（２０１６）『平成27年度中小企業組合制度研究会報告書【資料編】』
○全国中小企業団体中央会（２０１６）『平成28年度版中小企業組合の設立動向』
○全国中小企業団体中央会（２０１６）『平成28年版中小企業組合白書』
○全国中小企業団体中央会（２０１７）『中小企業組合ガイドブック（２０１６－２０１７）』平成29年３月
○中小企業基盤整備機構（２０１７）『高度化事業制度利用ハンドブック』平成29年７月版
○中小企業庁（１９７０）『昭和45年版中小企業白書』
○中小企業庁（１９８１）『昭和56年版中小企業白書』
○中小企業庁（１９９７）『平成９年版中小企業白書』

○中小企業庁（２００５）「中小企業政策審議会組織連携部会　議論の整理」
○中小企業庁（２０１５）『２０１５年版小規模企業白書』
○中小企業庁（２０１５）『平成27年度中小企業施策総覧』
○中小企業庁（２０１６）『平成27年度商店街実態調査報告書』
○中小企業庁（２０１７）「ふるさと名物応援宣言に関するガイドライン（中小企業地域資源活用促進法）」平成29年1月改正版
○筒井徹（２０１５）「団地組合の新たな挑戦」『商工金融』２０１５年7月号
○筒井徹（２０１５）「共同店舗組合・共同工場組合の新たな挑戦」『商工金融』２０１５年12月号
○筒井徹（２０１６）「組織化の現状と新たな展開」『商工金融』２０１６年8月号
○筒井徹（２０１７）「中小企業組合制度を活用した新事業展開」『商工金融』２０１７年7月号
○帝国データバンク（２０１５）「平成26年度有限責任事業組合等の活用実績等に関する調査」
○日本商工会議所（２０１６）「商工会議所とは」
○藤井辰紀（２０１２）「ＮＰＯ法人の存在意義と経営課題」『日本政策金融公庫論集』第16号（２０１２年8月）
○村山光信（２０１４）『解説　中小企業協同組合法（第2版）』日本評論社
○百瀬恵夫（１９８９）『中小企業組合の理念と活性化』白桃書房

○百瀬恵夫（２００６）「中小企業組合の理念と新たな協同組織の展開」『商工金融』２００６年９月号
○山本貢（２００５）『中小企業組合の歴史的展開』信山社

【参考ＵＲＬ】

○国土交通省（http://www.mlit.go.jp/index.html）2017. 07. 25閲覧
○全国商工会連合会（http://www.shokokai.or.jp/）2017. 07. 10閲覧
○全国中小企業団体中央会（http://www.chuokai.or.jp/）2017. 07. 10閲覧
○中小企業基盤整備機構（http://www.smrj.go.jp/index.html）2017.07.10閲覧
○中小企業庁（http://www.chusho.meti.go.jp/index.html）2017.07.25閲覧
○中小企業庁「ミラサポ」（https://www.mirasapo.jp/index.html）2017.07.26閲覧
○内閣府ＮＰＯホームページ（https://www.npo-homepage.go.jp/）2017.07.15閲覧
○日本商工会議所（http://www.jcci.or.jp/）2017.07.10閲覧

第2章 中小企業組織活動懸賞レポートにみる連携・組織活動

商工総合研究所は、助成事業の一環として「中小企業組織活動懸賞レポート」の募集・表彰を実施しており、毎年数多くの応募をいただいている。その歴史を振り返ると、１９８７年度に「中小企業の産業・金融に関する懸賞論文」と同時に「中小企業の組織化に関する懸賞論文」の募集が始まり、その後「中小企業の組織化に関する懸賞論文」は、１９９７年度に組合等の連携・組織活動の現場における体験をリアルに綴った作品を募集する「中小企業組織活動懸賞レポート」に形を変え、２０１６年度は第20回目となる記念すべき節目を迎えた。

これらのレポートは、中小企業の連携・組織活動の実務に携わってきた関係者が執筆したもので、今読み返してみても臨場感に溢れ、組織活動に対する熱い思いが伝わってくる作品が多い。こうした優れた作品は、これからの中小企業の連携・組織化を考えるうえで示唆に富んだ教材となるであろう。

本章では、まずこれまでの「中小企業組織活動懸賞レポート」の特賞及び本賞受賞作品（審査員特別賞を含む）を整理・分析することを通じて、現場の実務担当者からみた中小企業の連携・

組織活動の歩みを概観してみることとしたい。加えて、受賞後も相互扶助の精神に則り、連携・組織活動に真摯に取り組んでいる4つの組合の活動の歴史や現在の取り組み状況などを紹介する。さらに中小企業の連携・組織活動の支援機関から応募された作品のなかから、支援機関の積極的な関与により設立された2つの連携組織のその後の活動状況を確認し、支援機関の果たす役割や意義について考察を試みることとする。

❶ 論文からレポートへ

前述の通り「中小企業組織活動懸賞レポート」の前身である「中小企業の組織化に関する懸賞論文」については、1987年度より中小企業組合及び異業種連携組織等のグループの活動に関与している実務家などを対象に募集がはじまった。その目的は、日頃組合等の連携組織の活動に関係している実務家の方々が、論文を公表することを通じてお互いの経験の交流を図ることにあり、優秀な論文を表彰することにより、中小企業の組織化を推進してきた実務家に、それまでの経験を体系づけて、さらに飛躍する機会を提供してきた。

「中小企業の組織化に関する懸賞論文」については、学術的な研究論文の作成を意図するものではなく、審査にあたっては、応募者である実務家の方々の主張は何か、それがどのような具体的な意味を持つのか、傾聴に値するものであるのか等を重視して審査を行った。ただ、「論文」という体裁をとる以上は、形式、創造性、実証性、論理一貫性などの面で一定の水準が求められることから、普段組合の実務を担当している多忙な方々にとっては敷居が高く、応募を躊躇してしまうようなこともあったのではないかと推察される。また、応募いただいた作品の活動内容が有意義なものであっても、論文としての水準を充たさず残念ながら選外となるようなケースも散見された。

こうしたなか10回目となった１９９６年度の審査委員会において「中小企業の組織化に関する論文」のあるべき姿について意見の交換が行われ、「総評」として審査委員長の鈴木安昭氏は、次のように総括している(注1)。

〝本部門は論文の募集を通じて中小企業の組織化を助成することが目的である。中小企業の組織の場は多様であり、また組織への関わり方も多様である。そして組織化の努力の結果も見事な成果をあげる場合もあろうが、目的を達成しないで終わることもあろう。いずれにしても実践の記録、成功・不成功の要因分析、あるいは助言の内容・方法と効果などは、特にそれらが創造的であるほど、中小企業の組織化にとって貴重な資料となる。しかもそれらが論理的にまとめられ、理解しやすく表現されていることが期待される。

ただし、実践・経験の内容、そこから得たものの価値と論文としてのまとまりがしばしば整合しないところに問題が見いだされ、審査にあたっても議論の生ずるところとなった。「論文としての形式、内容に欠けていて、せっかくの事例を生かし切れていない」場合と「一応上手にまとめているが、創造性・実証性に欠ける」場合に分かれることが起こっている。
　理論的な側面からの組織活動への貢献ももちろん重要ではあるが、先に述べた観点に立てば、組織化活動に直接携わる実務家からの積極的な応募が望まれる。本懸賞論文も今年度が第10回目であり、これを節目に、組織化助成の実効がさらに高まるように、テーマ設定、審査における評価の観点等、検討を重ねていく余地があるのではないかと思われる。〟

　このような審査委員からの意見を踏まえて翌1997年度からは、「論文」ではなく「レポート」という形式で募集することに変更し、実務家の方々が現場における体験をよりリアルにまとめ、気軽に応募できるようにした。ちなみにレポート初回の募集要項の趣旨、テーマについては**図表Ⅱ-1**の通りであり、活動の成否、レポートの形式は問わず、広く実践報告・体験談を募集する旨明記した。
　変更後初回の「総評」をみると、審査委員長代行の古川浩一氏は次のように記している。(注2)
〝前年度までと比べると、むしろ思うがままに、闊達かつ伸びやかに書かれているものが多いというのが、大部分の審査委員の意見であった。筆者も、審査委員の一人として、昨年度まで以上に、現場にいる方々の熱い思いを感じながら興味深く読み進むことができた。〟

なお、レポートのテーマについては、初回は上記の通り2つの具体的なテーマを指定し、選択制としていたが、後述の通り2回目から7回目までは自由度の大きい単一のテーマとした。そして8回目となる２００４年度以降テーマは自由とし、関係者の方々から広く応募を募っている。参考までに直近２０１６年度についてみると、募集要項のテーマ欄には、〝実体験を踏まえた組織活動への「熱い思い」や「やりがい」などが伝わってくるレポートの応募を期待しています。〟と記している。このように商工総合研究所は、「中小企業組織活動懸賞レポート」の募集・表彰を通じて、中小企業の連携・組織活動の現場の息遣いが伝わってくるような作品を多くの方々に紹介し、参考にしていただきたいと考えている。

（図表Ⅱ－1）第1回中小企業組織活動懸賞レポートの募集要項（抜粋）

趣　旨	当財団の中小企業における組織化助成事業として、中小企業の組織活動に関する実践報告・体験を募集し、組織活動の充実に資する有益な報告について表彰を行います。
テーマ	■情報化推進のための組織活動事例 ■地域（工業・商業等の産業集積）活性化のための組織活動事例 上記のテーマのうち、いずれか1テーマを選択してください。 活動の内容、プロセス等の体験をおまとめください。活動の成否、レポートの形式は問いません。
応募資格	中小企業組合、中小企業で実際に組織活動の実務に携わっている方、および実践活動に関与している関係企業・諸機関・諸団体等の実務家（グループによる応募も可）。

❷ 受賞作品の全体像

受賞作品は準賞を含めると20年間で１２９を数える。その内訳をみると、審査員特別賞が１、特賞が２、本賞が97、準賞が29となった。年度別の受賞件数の内訳をみると**図表Ⅱ-２**の通りである。

以下では準賞を除く１００作品（以下「本賞等受賞作品」という）を、応募主体の類型、テーマ、時系列でみた傾向、地域別の動向などの切り口から分類・整理し、本賞等受賞作品の全体像を把握するとともにそれぞれの分類カテゴリー別にみた特徴やトレンドなどについて分析を試みたい。なお本稿でいう応募主体とは、レポートの筆者の関係する連携組織（所属組合、異業種連携組織等）または連携・組織活動の支援機関とした[注３]。

(1) 応募主体の類型

本賞等受賞作品の応募主体の類型をみると、連携組織から応募された作品が78と全体の約８割を占めている（**図表Ⅱ-３左**）。これらの組織を法的な枠組みに基づき整理してみると、法人格を有するものが62、任意団体が16となっている。法人の内訳についてみると、中小企業組合が56を占めておりそのうちの約８割にあたる44が事業協同組合で、以下商店街振興組合が６、企業組合、商工組合、協業組合は各２となっている。組合以外の法人は、まちづくり会社３、共同出資

（図表Ⅱ－２）年度別受賞作品数の内訳

西暦年度	平成年度	審査員特別賞	特賞	本賞	本賞以上計	準賞	合計
1997	9	1		4	5	3	8
1998	10			4	4	1	5
1999	11			6	6		6
2000	12			5	5	1	6
2001	13			5	5	1	6
2002	14			6	6		6
2003	15			3	3	1	4
2004	16			5	5	4	9
2005	17			5	5	4	9
2006	18			6	6		6
2007	19			6	6	2	8
2008	20			3	3	1	4
2009	21		1	5	6	2	8
2010	22			4	4	2	6
2011	23			5	5		5
2012	24			4	4		4
2013	25		1	3	4	2	6
2014	26			8	8		8
2015	27			4	4	1	5
2016	28			6	6	4	10
計		1	2	97	100	29	129

(図表Ⅱ－3) 本賞等受賞作品の応募主体の類型

法制度面に基づく分類						実態面に基づく分類		
(レポートの筆者が関係する連携組織・支援機関)						団地組合関連	商店街関連	異業種連携関連 (注1)
連携組織					**78**	**19**	**17**	**17**
	法人				62	19	13	6
		中小企業組合			56	19	9	4
			事業協同組合		44	19	3	4
				団地組合	19	19		
				異業種連携目的 (注2)	4			4
				商店街	3		3	
				共同店舗	2			
				その他	16			
			商店街振興組合		6		6	
			企業組合		2			
			商工組合		2			
			協業組合		2			
		その他			6		4	2
			まちづくり会社		3		3	
			共同出資会社		2		1	1
				商店街関連	1		1	
				産学官連携	1			1
			新連携コア企業		1			1
	任意団体				16		4	11
		異業種			10			10
		商店街関連			4		4	
		産学官連携			1			1
		同業種			1			
支援機関					**22**	**1**	**7**	**4**
	中小企業団体中央会				15	1	3	3
	商工会議所				4		2	1
	商工会				2		1	
	市町村				1		1	
合計					100	20	24	21

(注1) 異業種連携関連には、新連携・農工商等連携、産学官連携を含める
(注2) 異業種連携を主目的とするもの以外はその他 (事業協同組合) に計上した

会社２、新連携コア企業が１となっている。また、任意団体の内訳についてみると、異業種交流団体が10、商店街関連の団体が４、産学官連携及び同業種の団体が各１となっている。なお、ＮＰＯ法人、ＬＬＣ、一般社団法人等組合以外の新たな連携組織法人やＬＬＰを応募主体とする受賞作品は今のところない。

一方、連携・組織活動の支援機関から応募された作品は22と、全体の約２割を占めている。その内訳をみると、中央会が15、商工会議所が４、商工会が２、市町村が１となっている。

また、視点を変えてレポートに取り上げられた１００の連携組織を、連携・組織化に至った経緯や特徴・属性といった実態面から分類してみると、（注４）連携組織から応募された78作品では、団地組合関連が19と最も多い。次いで商店街関連と異業種連携関連がそれぞれ17と続いており、本賞等受賞作品の約７割はこの３類型の活動を記したものとなっている（**図表Ⅱ-３右**）。

また、支援機関から応募された22作品では、商店街関連が７、異業種連携関連が４などとなっている。

以上まとめると、１００作品のなかでは商店街関連が24と最も多く、全体の約１／４を占めている。次いで異業種連携関連が21、団地組合関連がが20と続いており、この３類型が全体の65％を占める。

(2) 連携・組織活動のテーマ

100作品のテーマについて整理してみると、「商店街の活性化」が24と最も多い。これは、前述の通り商店街関連の活動について応募された作品が多いからである。以下「新事業展開」20、「環境・リサイクル」14、「団地組合の課題とその対応」12、「産学官連携」9、「地域資源活用」8、「IT活用」7、「人材育成」6、「連携組織間の連携」6、「地域活性化」5の順となっている（**図表Ⅱ－4**）。

ちなみに異業種連携関連のレポートでは「新事業展開」を主要テーマとするものが圧倒的に多い。これに対して団地組合関連のレポートでは「団地組合の課題とその対応」以外にも、「環境・リサイクル」、「団地の再整備」、「新たな共同事業」、「まちづくり」などそのテーマは多岐に亘っている。また、連携

（図表Ⅱ－4）本賞等受賞作品のテーマ

主なテーマ	作品数	構成比
商店街活性化	24	24.0%
新事業展開	20	20.0%
環境・リサイクル	14	14.0%
団地組合の課題とその対応	12	12.0%
産学官連携	9	9.0%
地域資源活用	8	8.0%
IT活用	7	7.0%
人材育成	6	6.0%
連携組織間の連携	6	6.0%
地域活性化	5	5.0%
その他	52	52.0%

（注1）5件未満のテーマについては「その他」に合算した
（注2）複数のテーマに関連する活動があることから、合計は100%を上回る

・組織活動の支援機関から応募された作品のテーマについてみると、総じて商店街を含めた地域の活性化への取り組みや、地域内の企業や団体の連携強化、これによる新事業展開などが多い（図表Ⅱ－５）。

（３）時系列でみた傾向

連携組織が応募主体で、内容が異業種連携関連の17作品のうち15は２００１年度までの５年間に集中しており、その後激減している（図表Ⅱ－６）。これに対して、商店街関連及び団地組合関連は、１９９９年度以降比較的コンスタントに受賞が続いている。また、連携・組織活動の支援機関による本賞等受賞件数の推移をみると、当初７年間は受賞の実績はなかったが、２００４年度に初めて受賞し、その後は13年連続

（図表Ⅱ－５）支援機関による本賞等受賞作品の活動テーマ

〈中央会　１５〉

活動テーマ	作品数	構成比
商店街活性化	3	20.0%
地域資源活用	3	20.0%
新連携・農商工等連携	3	20.0%
ＩＴ活用	3	20.0%
商店街間の連携（県内）	2	13.3%
販売促進	2	13.3%
地場産業活性化	2	13.3%
その他	9	60.0%

〈商工会議所　４〉

活動テーマ	作品数	構成比
商店街活性化	2	50.0%
地域活性化	2	50.0%
農商工等連携	1	25.0%

〈商工会　２〉

活動テーマ	作品数	構成比
商店街活性化（空き店舗対策）	1	50.0%
新事業展開	1	50.0%

〈市町村　１〉

活動テーマ	作品数	構成比
商店街活性化	1	100.0%

（注）複数のテーマに関連する活動もあることから、合計が100％を上回る場合もある

（図表Ⅱ－６）実態面に基づく主要３類型及び支援機関による本賞等受賞作品数の推移

西暦年度	平成年度	本賞等受賞作品数	実態面に基づく主要３類型			支援機関
			団地組合関連	商店街関連	異業種連携関連	
1997	9	5			4	
1998	10	4			4	
1999	11	6	1	1	4	
2000	12	5		1	2	
2001	13	5		2	1	
2002	14	6	1	3		
2003	15	3	1	2		
2004	16	5	1		1	2
2005	17	5	1	1		1
2006	18	6	1	2		3
2007	19	6	1			2
2008	20	3	1		1	1
2009	21	6	2	1		2
2010	22	4				2
2011	23	5	1	1		2
2012	24	4	2			1
2013	25	4	1			1
2014	26	8	2	2		3
2015	27	4	2			1
2016	28	6	1	1		1
計		100	19	17	17	22

で本賞を受賞している。中小企業の連携・組織活動の支援機関が真剣にかつ継続的に連携・組織活動のサポートに取り組んでいることの証左と言えるのではないだろうか。

（４）地域別の動向

１００作品の応募主体の拠点を地域別（経済産業局ベース）にみると、「関東」が26と最も多く、次いで「中国・四国」19、「北海道・東北」16となっている（**図表Ⅱ－７**）。都道府県別にみると静岡県と大阪府が7と最も多く、以下宮城県、長野県、広島県が5、秋田県、島根県、山口県、広域４の順となっている（**図表Ⅱ－８**）。地域別にばらつきはあるものの、大都市圏への集中化傾向はみられない。

③ 年度別にみた本賞等受賞作品の概要

ここではまず年度毎に受賞作品数、本賞等受賞作品の応募主体、タイトル、テーマなどを確認する。応募主体の類型については、法制度に基づく形式的な分類に拠らず実態面に基づき判断することとした。また、本章等受賞作品のなかで、審査委員の評価の高かったものや特色のあるレポートについては概要について個別に紹介することとする。なお、概要は審査委員の書評や論評などを参考に[注5]、応募当時のレポートを要約したものであり、現在はその状況が変化している場合

（図表Ⅱ－7）地域別本賞等受賞作品数

地域	作品数
関東	26
中国・四国	19
北海道・東北	16
近畿	13
九州・四国	13
中部	9
広域（注2）	4
合計	100

（注１）経済産業局ベース
（注２）複数の都道府県にまたがる連携・組織活動を展開

（図表Ⅱ－8）都道府県別本賞等受賞作品数

都道府県	作品数
静岡県	7
大阪府	7
宮城県	5
長野県	5
広島県	5
秋田県	4
島根県	4
山口県	4
広域（注2）	4
北海道	3
青森県	3
埼玉県	3
東京都	3
神奈川県	3
富山県	3
愛知県	3
岡山県	3
長崎県	3
福岡県	3

（注１）３作品以上を抽出
（注２）図表Ⅱ－7に同じ

もある。

1997年度（第1回）

「情報化推進のための組織活動事例」、「地域（工業・商業等の産業集積）活性化のための組織活動事例」の2つのテーマを示し、いずれか1つを選択する扱いとし募集を行った（**図表Ⅱ-1**）。受賞作品総数は8となり、内訳は審査員特別賞1、本賞4、準賞3であった。

審査員特別賞及び本賞受賞計5作品の概要は**図表Ⅱ-9**の通りであり、応募主体を類型別にみると、異業種連携組織が4つを占める。内訳は、任意団体が3、事業協同組合が1となった。また、テーマについてみると「新事業展開」が4作品と多数を占めた。

（図表Ⅱ－9）1997年度（第1回）審査員特別賞及び本賞受賞作品の概要

応募主体の名称 ＜所在地＞	タイトル	テーマ
兵庫県ゴム製品協同組合 ＜兵庫県＞	「夢神戸」に震災復興の「夢」を乗せて	新事業展開、地場産業活性化、震災復興
坂城町ニューリーダー研究会 ＜長野県＞	産業空洞化への挑戦	新事業展開
福岡ベンチャーシステム研究会 ＜福岡県＞	異業種交流活動の新たな展開へ向けて	起業家育成
協同組合秋田さけぷらざ ＜秋田県＞	「秋田さけぷらざ」のゆくえ	新事業展開、産学官連携
北アルプス塾 ＜富山県＞	情熱と資源が原動力	新事業展開、地域資源活用

5作品のなかで最も注目を集めたのは、組合員が団結し、新商品の開発・販売に取り組むことで、阪神淡路大震災からの復興を目指す、兵庫県ゴム製品協同組合のレポートであり、審査委員の満場一致で審査員特別賞を受賞した。活動の概要は以下の通りである。

阪神淡路大震災で組合の共同ビルが全壊したが、再建されたビルには従来の運動靴製造組合員の外にケミカルシューズ、婦人皮靴の関連業者が新規に入居することになった。そこで組合は、この組合ビルを一つの機能集団として生産基地化できないかと考え、『夢神戸』という組合主導による新商品の開発・販売に取り組むこととした。そして、①価格を争う市場には参加しない、②問屋との取引はしない、との方針の下に、外反母趾対策等の健康機能を特徴にした新商品を開発し、通信販売による販売ルートを開拓した。ここに至るまでには多大な苦労と試行錯誤の繰り返しがあったが、1996年7月のゼロからのスタートからわずか1年で総販売足数5万5千という成果を上げた。小規模中小企業者から成る組合による組織活動が、震災後の地区の地場産業の復興という大きな成果を上げた出色のレポートである。

1998年度（第2回）

テーマについては「組織化・組合活性化のための有効事例」として広く募集を行った。受賞作品総数は5となり、内訳は本賞4、準賞1であった。

本賞受賞4作品の概要は**図表Ⅱ-10**の通りであり、応募主体はすべて異業種連携組織で、内訳は、共同出資会社1、任意団体3となった。地域別にみると愛知県が2作品となった。また、テーマはすべて「新事業展開」で、うち1作品は、産学官連携による共同出資会社を設立し、新分野進出を図る取り組みであった。その取り組み内容を要約すると以下の通りである。

　筆者は、かつて異業種交流団体のメンバーとともに協同組合を設立し、産学官協働体制で光触媒反応を利用した抗菌性商品の開発を試みた。しかし、スタッフの能力不足、テーマの選択ミス、資金調達難などの問題が生じ、組合員企業の脱退や組合員間のスタンスの溝が広がり、組合活動は休止に至った。その教訓を基に、筆者が代表を務める株式会社アイワが中心となり、新たに産官9団体による共同出資会社（マイウッド株式会社）を設立し、木質系新素材の開発に取り組むこととした。レポートでは、過去の経験に基づき異分野団体を組織化した活動の課題を、①ベンチャースピリット、②人材育成、③異分野の株主との経営方針の摺合せ、④研究・開発の進め方、

（図表Ⅱ－10）1998年度（第2回）本賞受賞作品の概要

応募主体の名称 ＜所在地＞	タイトル	テーマ
マイウッド株式会社 ＜愛知県＞	有効な組織化・組合活性化のための事例	新事業展開、産学官連携
東三河技術士会 ＜愛知県＞	事業創出を目指す技術者集団、東三河技術士会の軌跡	新事業展開
ととの魁 ＜青森県＞	ととの魁ＰＢ日本酒開発事業について	新事業展開
船場経済倶楽部 ＜大阪府＞	感謝そして夢と希望	新事業展開

⑤研究機関内でのビジネス化への取り組み、などに整理し、その重要性、対応策を提言している。新分野進出には事業に対する「熱い思い入れ」と「人材育成の仕組み」が必要と述べる筆者の提言は、今後、異分野団体との連携により新分野進出を図ろうとしている組織の参考になるものである、との評価を得た。

1999年度（第3回）

テーマを「組織化・組合活性化のための有効事例」として広く募集を行った。受賞作品総数は6となり、内訳は本賞が6で準賞該当作品はなかった。

　本賞受賞6作品の概要は**図表Ⅱ‐11**の通りであり、応募主体を類型別にみると、異業種連携組織が4（事業協同組合2、任意団体2）、団地組合（事業協同組合）が1、第三セクター方式によるまちづくり会社が1となった。異業種連携組織は3年連続で4作品の本賞受賞となり、組合以外にも中小企業の連携活動が広がってきていることを示唆する結果となった。地域別にみると、静岡県が4作品と全体の2／3を占めた。また、テーマについてみると、集団化事業及び中心市街地の再生への取り組みが初めて本賞を受賞したことが注目される。

　集団化事業に関する協同組合焼津水産加工センターのレポートは、「相互扶助」の理念を達成するための取り組みであり、共同施設の運営を中心に論じられている。組合は、集団化にあたり単に組合員の工場を1箇所に集約するのではなく、各工場の効率アップを図るべく、レイアウトに工夫を凝らし、団地内の工場エリアを一団のコンビナートと見立てて共同施設を配置した。さらに共同事業の副産物として発生する排水汚泥、鰹の加工残滓・中骨などの廃棄物のリサイクル化、商品化に成功している。そして、今後の事業展開の方向としては、環境保全とゼロエミッションのリサイクルシステムを完成させ、「環境ＩＳＯ１４００１」の認証取得を目指している。なお、共同施設の運営に当たっては、企業会計の考え方を取り入れ、11の事業別セグメント経理を行っている。こうした先進的な取り組みは、他の組

（図表Ⅱ－11）1999年度（第３回）本賞受賞作品の概要

応募主体の名称 ＜所在地＞	タイトル	テーマ
協同組合焼津水産加工センター ＜静岡県＞	共同施設を中心とした組合運営論	集団化の効果と役割、環境・リサイクル
協同組合アントレ ＜静岡県＞	豆腐業者の苦情を解決するおからのでない豆腐製造法の開発	新事業展開、環境・リサイクル
御殿場まちづくり株式会社 ＜静岡県＞	中心市街地再生に向けて第一歩を踏み出した「森の腰商店街」の事例	商店街活性化、まちづくり
さきたま利根テクノプラザ ＜埼玉県＞	「楽らく階段」の製品開発と「さきたま利根テクノプラザの歩み」	新事業展開
協同組合茶夢ファクトリー ＜静岡県＞	茶業界を活性化するための異業種融合化の試み	新事業展開、産学官連携、環境・リサイクル
異業種グループネットワーク東京 ＜東京都＞	異業種交流グループ間の連携組織を結成	連携組織間の連携

合にとっても参考になると思われる。なお同組合は、労務対策事業、研修生共同受入事業、教育情報事業にも力を入れており、２００３年度にこうした取り組みについて記述されたレポートが本賞を受賞している（図表Ⅱ-15）。

御殿場まちづくり株式会社のレポートは、中心市街地活性化推進の取り組みである。「中心市街地活性化法」は、１９９８年に施行されたが（図表Ⅰ-13）、遡ることその5年前に御殿場市中心街区の最西部に位置する「森の腰商店街」では、商店街自らの努力で商店街の核となるべき施設を造ろうという目標を設定し、翌年には地元商業者64名によりまちづくり株式会社を設立した。さらに第三セクター化に向けて地元商業者が、御殿場市及び商工会と粘り強く交渉を進め、中小企業事業団（現、中小機構）、静岡県、御殿場市との出資を取りつけた。そして5年の歳月を費やしてまちづくり会社によるコミュニティ施設併設の共同店舗（ショッピングセンター）を商店街の一角に完成させた。

同店舗は1階にスーパーマーケットを含む7テナントの店舗が入り、初年度売り上げ目標を達成した。また、2階には多目的ホールと会議室というコミュニティ施設が設けられ、地元の各種団体の会合や趣味のサークル活動の発表会場として活用されている。なお、森の腰商店街では、青年部が中心となり１９８９年からコミュニティマート構想によるコミュニティ・アイデンティティ事業に取り組み、「活性化に向けての10年計画」を策定し、商店街の面整備を推進しており、この考え方に沿い上記の通り第三セクター方式でまちづくり会社が設立された。そして２００２

年度にはこうしたＣＩ事業の歩みについて記述されたレポートが本賞を受賞した（**図表Ⅱ－14**）。

2000年度（第4回）

テーマは前年と同様の「組織化・組合活性化のための有効事例」として広く募集を行った。受賞作品総数は６となり、内訳は本賞が５、準賞が１であった。

本賞受賞５作品の概要は**図表Ⅱ－12**の通りであり、応募主体を類型別にみると、異業種連携組織（事業協同組合、任意組合各１）が２、事業協同組合が２、商店街振興組合が１となった。また、テーマについてみると「新事業展開」に関するものが過半数を占めた。

５作品のうち舞鶴蒲鉾協同組合と一番町四丁目商店街振興組合（青年会）の取り組みは、審査員全員から高い評価を得た。

（図表Ⅱ－12）2000年度（第４回）本賞受賞作品の概要

応募主体の名称 ＜所在地＞	タイトル	テーマ
舞鶴蒲鉾協同組合 ＜京都府＞	組合事務所に芽生えた職員の小さな起業家精神	新事業展開、新たな共同事業
一番町四丁目商店街振興組合青年会 ＜宮城県＞	商店街と消費者における新しいコミュニケーションの場「一番町四丁目大学」	商店街活性化
島根県エルピーガス事業協同組合 ＜島根県＞	社会情勢に対応した組合経営	新たな共同事業
ヤーコン協同組合 ＜山口県＞	わが異業種交流グループ奮戦記	新事業展開、産学官連携
センチュリー・プラザ・オタル ＜北海道＞	異業種交流による企業連携	新事業展開

舞鶴蒲鉾協同組合のレポートは、事業協同組合の事務局職員が一体となって、次々と起業家精神を発揮して共同事業に取り組み、事業化していく姿が描かれている。具体的には、①販売事業の開始、②研究室の開設、③共同加工施設の設置、④廃棄物による調味料の開発、⑤印刷事業の展開、⑥通信販売、⑦ウエブサイトの開設、である。これらの事例が成功に至るまでの試行錯誤の段階も含めて活写されている。例えば④は、組合員の原料費を下げるために鮮魚から身を取り除いた後の廃棄物を利用して調味料をつくるプロジェクトで、組合事務局職員は専門業者とともに徹夜で実験を繰り返すも失敗が続いた。また、製造設備導入コストが組合の投資可能な範囲を超える等様々な障害を乗り越え、最終的には天然調味料のなかで組合員が最も多く使用する副原料にまで育った。このように組合事務局職員の工夫と努力、苦労を厭わない姿勢が随所に滲み出ている。また、組合員のニーズが顕在化していなくても、組合事務局職員がシーズを発見する問題意識が必要であるという考え方は傾聴に値する。組合の「かなめ」としての事務局が共同事業の成功に大きな役割を果たした事例である。

一番町四丁目商店街振興組合のレポートは、商店街の青年会が中心となり、企画運営してきた街ぐるみの「大学」についての事例である。生徒となる大学生は地元の一般消費者であり、教授は商店街の店主等である。この企画は、お客様が買物をするだけではなく、商店街やそこで働く人たちを好きになってくれる方法はないか、一方的にお客様に仕掛けるイベントではなく、もっとダイレクトにお客様とコミュニケーションがとれるものはないかといった問題意識のなかから企画されたものである。そして青年会で話し合いを重ねた結果、商店街の組合員の持っている「卓越した技」、「商品に対する豊富な知識」、「試行錯誤して学んだ経験」などを一般の人々に伝授していったらどうか、そうすることによって消費者と商店がダイレクトにコミュニケーションがとれ、商店街のファンになってくれるのではないか。そんな思いからこの「大学」は、１９９７年１月に開校された。初回の講座は、「プロが教えるおいしい天ぷら蕎麦の作り方」と題して、蕎麦屋の経営者による蕎麦打ちの実演とともに、てんぷらの上手な揚げ方、出汁の作り方を教授した。その後、とんかつ店店長による「おいしいとんかつの揚げ方」、刃物店経営者による「包丁の研ぎ方」、文具店（和紙）会長による「伝統の仙台七夕の作り方」などの講座を隔月で開催しており、卒業生は延べ約７００人に達する見込みである。元々は販売促進を意図したものではないが、「大学生」である地元の消費者と「教授」である商店街の店主等の間にきずなが生まれ、魅力のある商店街として理解してもらえる場となったようである。こうした取り組みと成果は、商店街活性化のヒントになるとみられる。

2001年度（第5回）

テーマは「わが組合・わがグループの活性化戦略を語る」として広く募集を行った。受賞作品総数は６となり、内訳は本賞が５、準賞が１であった。

本賞受賞５作品の概要は**図表Ⅱ-13**の通りであり、応募主体を類型別にみると、事業協同組合、商店街振興組合が各２、異業種連携組織（任意団体）が１となった。また、テーマについてみると、「外国人研修生受け入れ事業」についての取り組みが初受賞となった。これについて少し補足すると、１９９０年に外国人研修制度が改善され、中小企業における研修生の受入れが拡大し、１９９３年には、研修生へのより実践的な技術移転を図るための技能実習制度が創設された。技能実習制度は、最長３年の期間において、（注6）企業が技能実習生を雇用し、技能実習生は、日本の産業・職業上の技能等の修得・習熟する制度であり、その受入方式は、「団体監理型」と「企業単独型」の２つに大別される。そして「団体監理型」は、事業協同組合や商工会議所等が技能実習生を受け入れ、そのメンバーである企業等で技能研修を実施する形態である。（注7）

（図表Ⅱ－13）2001年度（第５回）本賞受賞作品の概要

応募主体の名称＜所在地＞	タイトル	テーマ
秋田ハイタク事業協同組合＜秋田県＞	わが組合の組織化、活性化の足跡と、これからの組合活動	共同購買
地ビールのむのむネット＜広域（東京都）＞	インターネット上の連携組織づくり	地域活性化、新事業展開
太田自動車内装品協同組合＜群馬県＞	当組合における外国人研修生の受入れ	外国人研修生受け入れ事業
西新道錦会商店街振興組合＜京都府＞	典型的な地域密着の近隣型商店街　西新道錦会商店街振興組合の挑戦	商店街活性化
鹿角市花輪大町商店街振興組合＜秋田県＞	わが組合・わがグループの活性化戦略を語る	商店街活性化（空き店舗対策）

5作品の中では、商店街の取り組み2作品が審査委員から高い評価を得た。

西新道錦会商店街振興組合は、京都駅の北西約４㎞に位置する近隣型の商店街である（図表Ⅰ‐14）。かつては京友禅の中心産地で職住混在の職人の町であったが、和装産業の急速な落ち込みもあり、経営環境は厳しい状況が続いている。組合は、地域住民から必要な商店街として認知されるためには、消費者の目線に立ち「地域との共生」、「地域との共同」の精神を柱にして事業を推進していく必要があると考えている。事業を進めるにあたっては、商店街と組合員の役割と事業活動を考える際の基本方針である「協同と競争」、「リスクとメリットの共有」、「事業の独立採算制」、「総論賛成・各論選択自由」、「地域住民消費者への安心の提供」、「地域との共生と協働の取り組み」等を徹底する努力をしている。こうした方針の下、商店街活性化のために組合が行っている事業は多岐に亘っている。なかでもユニークな取り組みとしては、「買い物弱者」への「ファックス受注・宅配サービス」や空き店舗を活用した「高齢者給食サービス事業」がある。また、ローカルエリア内で商店街や地域、行政、その他地域情報の提供と買物などの生活支援ネットを構築するために、家庭用のＴＶを使用したインターネットシステムの開発に取り組んでいる（インターネット生活支援ネットワーク構築事業）。このような社会生活の基盤としての商店街の役割を自覚した取り組みは他の商店街の参考になる事例といえよう。

　鹿角市花輪大町商店街振興組合は、かつては鹿角市一の商店街として繁栄していたが、高速道路の開通による消費者の流出、大型店の撤退・郊外シフトなどの影響を受けて１９９４年頃から空き店舗が点在し、歯抜け状態になっていた。さらに１９９７年から１９９８年にかけて商店街唯一のスーパーが撤退してからは生鮮小売業種がいよいよ不足し、来街者減少に拍車がかかっていた。この影響をまともに受けたのは商店街だけではない。いわゆる「買い物弱者」といわれる高齢者も不便な生活を余儀なくされることとなった。同じ頃、地域の農産物生産者が生産高の向上、規格外商品の処理、販路の拡大などで様々な問題を抱えていることを知り、旧スーパー跡地に「生鮮直売所」を開設しようという機運が一挙に盛り上がった。組合は早速プロジェクトチームを発足させ、実現に向けた行動を開始した。本レポートは、生鮮直売所「おおまちふれあい広場」の誕生と、それが軌道に乗るまでの経緯をまとめた汗と苦労の奮闘の記録である。本レポートの筆者は商店街の女性事務局職員で、プロジェクトチームのメンバーが一丸となって走り回った姿や関係者とのやりとりが女性らしい筆遣いで生き生きと描かれている。例えば出店者である農家のお母さんたちとの連絡ＦＡＸにはそれぞれのひとに合わせた内容文をエールとともに送付する等の心遣いは、女性ならではの感性の豊かさを感じる。無機質なやりとりでは、プロジェクト関係者の心を一つにすることは出来なかったのではないだろうか。中小企業の連携・組織活動における「女性活躍」の好例ともいえる。

2002年度（第6回）

テーマは「組織化・組合活性化の有効事例」として広く募集を行った。受賞作品総数は６となり、内訳は本賞が6、準賞該当作品はなかった。

本賞受賞6作品の概要は図表Ⅱ-14の通りであり、応募主体を類型別にみると、商店街関連組織が3（商店街振興組合、事業協同組合、まちづくり会社各1）、団地組合（事業協同組合）、企業組合、事業協同組合が各1であった。企業組合の取り組みの受賞は今回が初めてであった。また、テーマについてみると、女性執筆者による「女性の起業」、「女性活躍」、「働き方改革」の取り組みについて記述した2作品が本賞を受賞したことが注目される。

豊見城市ウージ染め協同組合は、地域の女性により発案されたサトウキビ（ウージ）の葉を染料とした「ウージ

（図表Ⅱ－14）2002年度（第6回）本賞受賞作品の概要

応募主体の名称 ＜所在地＞	タイトル	テーマ
協同組合広島総合卸センター ＜広島県＞	組合再活性化事業への取組	団地組合の課題とその対応、まちづくり
豊見城市ウージ染め協同組合 ＜沖縄県＞	女性による特産品開発	起業、地域資源活用、女性活用、働き方改革
谷中銀座商店街振興組合 ＜東京都＞	近隣型商店街「活性化事例」	商店街活性化
企業組合ふるさと薬膳森樹 ＜山梨県＞	薬食同源「女性によるレストラン森樹経営」	起業、女性活躍、働き方改革
新天町商店街商業協同組合 ＜福岡県＞	がんばってます新天町	商店街活性化（空店舗対策）、環境・リサイクル
御殿場まちづくり株式会社 ＜静岡県＞	森の腰商店街ＣＩ事業12年のあゆみ	商店街活性化

染め」の開発・商品化に向けて女性メンバーで設立された組合で、女性の雇用を確保し、その自立や地位の向上を目指した活動を展開している。また、企業組合ふるさと薬膳森樹は、農村婦人50名が集まり女性だけで設立された組合で、薬膳料理レストランを開業し、地域の活性化に貢献することを目標に伝統的な郷土料理をベースにした日本型の薬膳料理を提供している。いずれも中小企業組合による起業の参考となる事例である。

なお6作品の中では、次の2つの商店街の取り組みが審査委員から高い評価を得た。

谷中銀座商店街振興組合のレポートは、近隣型商店街の活性化にはリピーターを重視する必要があるとし、顧客を商店街に呼び込む方法として、「楽」「得」「便」の3つのキーワードを挙げている。また、商店街のリーダーに対して、①話題性のあるイベントを実施し、メディアに働きかけることで商店街の知名度向上や集客数増加を図ること、②商店街で独自にイベントを行う場合には、資金面で行政の支援が不可欠であり、日頃から行政との円滑な関係を保つこと、③組合は、組合員平等を基本に運営すべきであるが、時には多少の不平等は覚悟して時代に即した運営を行う必要もあること、以上3点の重要性を強調している。さらに、活性化の条件として、個々の店の個性化、店と店との競合、日曜日の営業、イベントと連動したスタンプ事業などを挙げている。同商店街では様々なイベントを実施しており、全店1割引販売は30年以上、びっくり市は28年も続いており、「継続は力なり!」をモットーとしている。ただ、イベントはあくまでも来街を促す1つの手段であり、活性化の主役は個店の魅力であると考えている。

新天町商店街のレポートは、新会社の設立による空き店舗解消と、生ごみのリサイクルに取り組んだ経緯について記述したものである。同商店街は、１９４７年以降建物管理を担う「株式会社新天町商店街公社」と「新天町商店街商業協同組合」の二本立てで商店街の運営を行ってきた。同商店街は歴史があり福岡の一等地に立地しているが、それでも次第に個店の力だけでは、空き店舗の新たな買い手を見つけることが容易ではない状況となってきた。また、新規入店希望者は店舗賃借権の買取よりも賃借（転借）を望むケースが多くなってきていることが分かった。そこで公社が撤退店舗から店舗賃借権を買取り、商店街に相応しい優良企業に10年の長期契約で賃貸することとした。しかし、従来各店舗は公社から店舗を賃借し賃借料を支払っていたことから、個店は公社に対して店舗賃借権[注8]を有しており、公社が当該賃借権を買い取ると、公社は賃貸人と賃借人の地位を同時に保有する「混同」の状態となり、当該賃借権を償却することができない。その結果、公社は大きな利益を計上し、多額の納税を強いられる結果となる。こうした問題を解決するために商店街は専門家の指導を仰ぎ、新会社を設立し、公社は撤退店舗から買い取った店舗賃借権を新会社に簿価で譲渡し、新会社は当該賃借権を償却する扱いとし、空き店舗の解消に成功した。また、生ごみ対策については、国・県・市からの助成を受けて生ごみ処理機械及び段ボール圧縮のためのごみプレス機械の導入を図った。稼働後2カ月の結果では、バイオ処理により産出された肥料をお客様に無料で配布し好評を得ており、マスコミが取り上げてくれる等副次的な広報効果も上がりつつある。

2003年度（第7回）

テーマは「組織化・組合活性化のための活動事例」として広く募集を行った。受賞作品総数は4となり、内訳は本賞が3、準賞は1であった。受賞作品に共通する点は、いずれの事業も若手経営者が中心となって、組織に適した内容の共同事業を創造していることである。これらの作品は、新しいニーズに組織としていかに対応してきたか、顧客第一主義の共同事業としてどのような取り組みをしてきたかについて、他の組織活動の参考になる内容のものであったと評価された。

本賞受賞3作品の概要は**図表Ⅱ-15**の通りであり、応募主体を類型別にみると、商店街関連組織が2（商店街振興組合、共同出資会社各1）、団地組合（事業協同組合）1であった。また、テーマについてみると、商店街に関する2つのレポートがともに「商店街の連携」に言及している点が注目される。

（図表Ⅱ－15）2003年度（第７回）本賞受賞作品の概要

応募主体の名称 ＜所在地＞	タイトル	テーマ
協同組合 焼津水産加工センター ＜静岡県＞	我組合の労務対策事業と研修生共同受入事業、教育情報事業の活動事例について	外国人研修生受け入れ事業
株式会社商店街 ネットワーク ＜広域（東京都）＞	変化に適応する組織化	商店街活性化、新事業展開、商店街の連携（広域）
サンカトゥール商店街 振興組合 ＜広域（宮城県）＞	まちづくり組織としての商店街～長町連合商店街による活性化事例	商店街活性化、商店街の連携（広域）

３作品のなかでは、株式会社商店街ネットワークによる商店街の広域連携に向けた取り組みが、今までにはない新たな試みとして注目を集めた。

このレポートは、一つの商店街でスタートした「まちづくり運動」がきっかけとなって全国各地の商店街が提携した「商店街ネットワーク」という株式会社が設立されるまでの経緯とその活動状況について、今後の構想や思いを込めながら記述したものである。早稲田商店会でスタートした「まちづくり運動」の代表的な事業として、商店街の空き店舗等のスペースに空き缶回収機や生ゴミ処理機などのリサイクル機器を設置するという「エコステーション事業」がある。このような「環境・まちづくり活動」は次第に全国各地で展開されるようになり、各商店街はインターネットにより情報交換を行っていたが、一同に会して意見交換をしようということになり、１９９９年に第１回の全国リサイクル商店街サミットが開催された。そして翌年に20の商店街の共同出資により株式会社商店街ネットワークが設立された。同社は調査研究事業と新規開発事業を実施しており、具体的には、「震災疎開パッケージ」を商品化している。当該事業は、年間５千円を積み立てると、被災した場合に全国各地の提携商店街の用意する宿泊施設で生活するための支援を得ることができる。被災しなかった年には、各地の名産品が贈られるという相互扶助の仕組みである。また、計画中の事業として、「集客する」という商店街の基本的な機能を活用して企業から広告収入を得る事業などについての調査を実施している。筆者は、組織化の新しい概念を提供するとともに、新たな組織化の持つ弾力的な可能性を参考にしてもらいたいと論じている。

2004年度（第8回）

今年度からテーマは自由として広く募集を行うこととなった。[注9] 受賞作品総数は9となり、内訳は本賞が5、準賞は4であった。

本賞受賞5作品の概要は**図表Ⅱ-16**の通りであり、応募主体を類型別にみると、支援機関が2（いずれも中央会）、団地組合（事業協同組合）、事業協同組合、異業種連携組織（任意団体）が各1となった。特筆すべき点は、組織活動の支援機関からの応募作品が初めて本賞を受賞したことである。前年度までの本賞等受賞作品は、すべて連携組織や異業種交流団体などのネットワーク活動の主体から応募されたものであった。また、テーマについてみると、「販売促進」、「IT活用」等様々であった。

ここでは5作品の中から、具体的な提言が見

（図表Ⅱ－16）2004年度（第８回）本賞受賞作品の概要

応募主体の名称 ＜所在地＞	タイトル	テーマ
秋田県中小企業団体中央会 ＜秋田県＞	組合のネット販売導入に対する指導実例	販売促進、ＩＴ活用
広島使用済自動車適正処理事業協同組合 ＜広島県＞	使用済み自動車の共同適正処理施設建設事例	共同工場建設、環境・リサイクル
山形建設工業団地協同組合 ＜山形県＞	ものづくりの基本から人材育成を考える	人材育成
会員制産学官連携組織AREC プラザ ＜長野県＞	年会費5万円の産学連携組織に中小企業130社超が賑わう	新事業展開、産学官連携
全国中小企業団体中央会 ＜東京都＞	中小企業組織活動と私	販売促進、ＩＴ活用

られ参考になるという評価を得た山形建設工業団地協同組合の取り組みと、全国中央会の地場産地組合の販路開拓に向けた取り組みを紹介する。

　前者のレポートは、異業種から成る団地組合である山形建設工業団地協同組合のＤＤＯの活動を紹介している。ＤＤＯとは、組合内のデザイン開発機構（Design Development Organization）を意味する。同機構の事業の中心は、教育事業であり、デザインを通じて新しい情報を収集し、知識を蓄え、思考力を鍛えることを目的としており、１９９３年４月以降は認定職業訓練施設の指定を受けている。[注10] 研修生は団地内企業から選ばれた従業員で、最近は県や市などからの外部受講者も受け入れている。その研修内容はユニークで、彫刻家や陶芸家を講師とし、１年次はデザインの理解、２年次はデザイン的な視点、プレゼンテーション手法などを学ぶ。そして３年次は独自にプロジェクトを進め、終了時にプレゼンテーションを行う。過去の例では、組み立て式茶席を考案し、茶道具を製作し、茶会を開催したこともある。さらに年１回、一流建築家などを講師とする公開の特別講演会を実施している。こうしたＤＤＯの活動を通じて研修生は、「ものづくり」「企画」「営業」などあらゆる仕事に共通のセンスを磨いている。機構の設立当初は、教育事業は企業格差もあり組合の共同事業に馴染まないという声もあったようだが、理事長のリーダーシップなどからこの地道な活動が長期間続き実績を挙げていることは注目に値する。

　後者のレポートは、全国中央会の補助事業として採択された「組合等情報化促進・開発事業」を推進する活動の中から生まれた２つの事業について、中央会職員である筆者が、オブザーバーとして参画し、ニット産地組合の再生のために取り組んだ実践的記録である。全国のニット産地組合の有志が売れるモノづくりを行うために企画したこの事業は、「ニット産地組合・企業の勝ち残り戦略推進プロジェクト」からスタートした。プロジェクトではまずＩＴの勉強会を開催し、インターネットの小売直販サイトを運営している企業の教えを乞い、その後当該企業が運営しているサイト内に組合員の独自企画商品を出店することにした。１年間の限定テスト販売は成功裏に終わり、その後は個別の組合員が同サイトに出店し、新たに出店を計画する組合員も出てきた。

次に取り組んだ事業が「セールスレップ（Salesrep）」である。セールスレップとは、Sales Representativeの略称で、メーカーに代わって商品の販売を代行する代理人のことで、独立自営の営業者である。商品在庫を持たずにメーカーとの契約に基づき商品を販売し、販売実績に基づいた手数料を受け取る仕組みである。筆者は、延べ８日間のセールスレップ研修を受け、同事業を行う企業組合を設立し、全国各地の地場産地組合の販路開拓を実現したい、との思いが日に日に強くなっていく。そして、全国中央会の会員への巡回相談がきっかけとなり、中央会主導により企業組合東京セールスレップが誕生することとなった。組合は、事業を通じて共同販売活動主体に地域の中小製造業の販売サポートを継続している。なお、中央会の具体的な取り組み経緯や活動の内容については、後述する支援機関主導による設立組合の事例のなかで、組合の現況とともに説明することとする（事例E、p.159）。

2005年度（第9回）

テーマは自由として広く募集し受賞作品総数は9、内訳は本賞が5、準賞は4であった。

本賞受賞5作品の概要は**図表Ⅱ‐17**の通りであり、応募主体を類型別にみると、支援機関（中央会）、商店街関連組織（事業協同組合）、団地組合（事業協同組合）、企業組合、事業協同組合が各1と多様であった。また、テーマは、「商店街活性化」、「環境・リサイクル」が各2事例あったが、「震災復興」のための「起業（ワーカーズ・コレクティブ）(注11)」の取り組みは過去に例のない貴重な受賞作品で注目に値する。活動主体である被災地労働者企業組合の概要については後述する（事例C、p.146）。

5作品のなかで審査員が一致して高い評価

（図表Ⅱ－17）2005年度（第9回）本賞受賞作品の概要

応募主体の名称 ＜所在地＞	タイトル	テーマ
協同組合松江天神町商店街 ＜島根県＞	お年寄りに優しい街づくり ＝地域資源活用のすすめ＝	商店街活性化、地域資源活用
被災地労働者企業組合 ＜兵庫県＞	企業組合の創業事例「阪神・淡路大震災を契機として」	起業（ワーカーズコレクティブ）、震災復興、産学官連携
全国中小企業団体中央会 ＜東京都＞	組合活性化に向けての活動事例・提言	商店街活性化、ポイントカード事業
神奈川県内陸工業団地協同組合 ＜神奈川県＞	既存工業団地におけるゼロエミッション事業への取り組みについて	環境・リサイクル
函館特産食品工業協同組合 ＜北海道＞	イカゴロ（イカ肝臓）の有効活用を目指して	環境・リサイクル、産学官連携

を与えたのは、協同組合松江天神町商店街による「お年寄りにやさしい」街づくりに向けた取り組みで、同商店街が松江市からの活性化提案を受けてそれを具体的に推進した活動を取りまとめたものである。

当商店街もご多分に漏れず、郊外型大型店の進出、周辺市街地の空洞化、後継者問題などを抱え寂れつつあった。こうしたなか、１９９９年に松江市から、〝全国に先駆けて高齢者が住みよいモデル地区を天神町で創りたい〟との提案を受けた。過去、同商店街の街づくりについてのコンサルタントからの提案は、ハード面を整備し、若い人が集まるようにするものばかりであったことから、従来の発想を１８０度転換する必要があり、最初は商店街も戸惑いが大きかった。しかし、行く末に危機感を抱いていた商店街のメンバーは、島根県が日本一の高齢者県であることをプラスに捉えて[注12]「お年寄りにやさしい街づくり」による地域の活性化を推進することを決意し、商店街の若手メンバーによるプロジェクトチーム「天神町街づくり委員会」を発足させた。同時に市、松江商工会議所（ＴＭＯ[注13]）、商店街役員で構成する官民一体の「ワーキング会議」を設けて検討を開始した。

その後討議、先進地の視察を含めて検討を重ねた結果、①交流の場があること、②信仰の対象があること、③高齢者が楽しくショッピングできること、以上３点が重要なポイントであるとして、実現に向けた行動を開始した。そして、①については市の福祉課の施策として商店街のど真ん中に福祉施設が２棟設置され、②については天満宮の協力を得て、〝ボケ封じ〟の神様「おかげ天神」を建立し、③については毎月25日の天神市に合わせて「歩行者天国」を開始した。その結果、お年寄りに限らず、子供や家族連れの来客数が増えてきた。また、ハード面についても、「お年寄りにやさしい」街として、電線軒下化による無電柱アーケードへの建替えを行った。こうした取り組みを続けるなか、「歩行者天国」の出店メンバーとして授産施設[注14]が参加するようになり、２００５年には商店街の中に授産施設「まるべりー松江」が出店することとなった。商店街の「お年寄りにやさしい」街づくりに向けた取り組みが、「人に優しい」街づくりに進化した事例といえよう。

２００６年度（第10回）

テーマは自由として広く募集し受賞作品総数は6、内訳は本賞が6で準賞該当作品はなかった。

本賞受賞6作品の概要は**図表Ⅱ-18**の通りであり、応募主体を類型別にみると、半数は支援機関（いずれも中央会）であった。その他は商店街関連組織が2（いずれも任意団体）、団地組合（事業協同組合）が1となり、大阪機械卸業団地協同組合を除けば活動の歴史は比較的短い。また、テーマについてみると、団地組合の活動について記された2作品を除けば「新事業展開」の取り組みについてのレポートであった。そして、新連携の取り組みについてのレポートが初めて本賞を受賞した点が目を引く。

このレポートは、岐阜県中央会が、新連携事業を有効活用し、地場産業である美濃焼業界の活性化を図るために各種の事業活動を行う過程を具体的に記述したもので、取り組み内容の要約は以下の通りである。

美濃焼の出荷額、地場メーカー数は最盛期の半分以下に激減した。こうした状況を打破するために中央会は、２００４年度の国の新規事業である「新連携対策委託事業」を活用し、産地が一体となって取り組むことを提案し、異業種の「新連携体」の組織化に取組むこととなった。連携体を組織するにあたっては、産地全体の有識者に声をかけて事業の趣旨説明、適格な委員の推薦、専門家による基本構想の策定、事業計画の作成等

（図表Ⅱ－18）2006年度（第10回）本賞受賞作品の概要

応募主体の名称 ＜所在地＞	タイトル	テーマ
大阪機械卸業団地協同組合 ＜大阪府＞	「組合員に貢献できる新たな組合」作りを目指して	団地組合の課題とその対応
岐阜県中小企業団体中央会 ＜岐阜県＞	新連携体「美濃焼輸出プロジェクト」に携わって	新連携、地場産業活性化
福江商店街巡回バス委員会 ＜長崎県＞	島の商店街コミュニティビジネスをトリガーとした自立型地域再生モデルの実現	商店街活性化、コミュニティビジネス
茅ヶ崎市商店会連合会 ＜神奈川県＞	持続可能な循環型社会をめざした商店街システム作り	商店街活性化、環境・リサイクル
宮城県中小企業団体中央会 ＜宮崎県＞	工業団地組合再活性化のために	団地組合の課題とその対応、産学官連携
鹿児島県中小企業団体中央会 ＜鹿児島県＞	組合情報化支援へのＩＴＣプロセス適用事例	経営革新支援、ＩＴ活用

きめ細かく組織づくりを進めた。そして最終的に29社による「美濃焼和食器による新時代の陶磁器輸出プロジェクト」を発足した。さらに専門家の協力を得て、〝和食を知らない仕入れ担当者にわかりやすく提案し、この担当者が自社内で説明しやすい提案を行う〟などの和食器を海外市場に提案する際に必要な7項目の提案を受けた。こうした提案により、事業計画の実現に確信を持つ会員が増え、2005年度に施行された「中小企業新事業活動促進法」（図表Ⅰ-16）で定められた「異分野連携新事業開拓計画」を作成し、計画の承認申請を行った。しかし、関係機関のヒアリングを受けた際には、「この計画は新連携ではない」などと言われるなど評価は散々で、（第1回の）認定を得ることは出来なかった。その後関係機関の様々な指導受けて課題を克服し、当該プロジェクトは同年度の第2回の認定案件に採択された。このような挫折を乗り越えて岐阜県第1号の認定を受けた経緯は臨場感に溢れ、中央会指導員の熱意と情熱、指導員としての誇りや責任感が伝わってくるレポートである。

2007年度（第11回）

テーマは自由として広く募集し受賞作品総数は8、内訳は本賞が6、準賞が2であった。

本賞受賞6作品の概要は**図表Ⅱ-19**の通りであり、応募主体を類型別にみると、支援機関が2（いずれも中央会）、事業協同組合が2、団地組合（事業協同組合）、商工組合が各1となった。商工組合の受賞は初めてであった。また、テーマについては多岐に亘っている。そのなかの大分県中古自動車販売商工組合のレポートは、事務局からみた30年間の組合の歴史、事務局の成功・失敗談などについて赤裸々に綴ったもので、今までのレポートとは趣を異にしている。また、支援機関主導による協業化支援の取り組みについても初めての受賞であった。

6作品のなかで審査員が一致して高い評価を与えたのは、ふるさと萩食品協同組合と岡山県中央会のレポートである。

ふるさと萩食品協同組合のレポートは、萩市における商品販売共同店舗の設立・運営を巡る奮闘記である。当初の店舗の青写真は、大手コンサルタント会社の手により作成されたもので、全国各地にある観光市場「お魚センター」をイメージしたものであった。豪華でおしゃな建物

（図表Ⅱ－19）2007年度（第11回）本賞受賞作品の概要

応募主体の名称 ＜所在地＞	タイトル	テーマ
大分県中古自動車販売商工組合 ＜大分県＞	中小企業組織活動３０年の総括	事務局の体験談
仙台印刷工業団地協同組合 ＜宮城県＞	仙台印刷工業団地のクラスター化に向けた考察	団地組合の課題とその対応
佐賀県中小企業団体中央会 ＜佐賀県＞	伊万里有田焼の新しい風と共に	新連携、地場産業活性化
岡山県中小企業団体中央会 ＜岡山県＞	施設集約化で海外単価に挑戦!	協業化
ふるさと萩食品協同組合 ＜山口県＞	道の駅／萩しーまーとビジネスモデル	地域活性化、地域資源活用、地産地消
邑智トラック事業協同組合 ＜島根県＞	組合事業の活性化について	共同購買、共同受注・共同配車

を建設し、収支計画も観光客をメインターゲットとするもので、客単価は高く、客数についても年間１００万人を想定するなど、人口５万人程度の地方都市の実情をあまり考慮しないものであった。そこで組合は、全国各地の「お魚センター」約１００事例を調べ上げ、現地視察すべき施設を特定し、全国10か所の「お魚センター」の行脚が始まる。ヒアリングの際には、成功の要因もさることながら、失敗部分について特に掘下げて聴取した。このように先行事例の失敗要因などから学ぶなど、事前のマーケティング調査・分析を十分に行い、「地元市民をメインターゲットにして、観光客などのビジターは従とする」というコンセプトを定めた。これまでの同種施設にはないターゲット設定である。そして、地産地消を追求した施設を立ち上げて軌道に乗せていった。このようなプロセスが、具体的に記述されており、筆者の地域活性化にかける熱い思いが良く伝わってくる。また、成功体験を整理し、積極的に情報発信しており、地域資源を活用したビジネスモデルとして他の地域に大いに参考になる事例である。

岡山県中央会のレポートは、協業化（施設集約化事業）支援の取り組みについての苦難の道程を綴った貴重な記録である。難産の末にようやく事業化に至ったアローハーネス協業組合は、その後地道に事業に取り組んでいる。中央会の具体的な取り組み経緯や活動の内容については、後述する支援機関主導による設立組合の事例のなかで、組合の現況とともに説明することとする（事例F、p.162）。

2008年度（第12回）

テーマは自由として広く募集し受賞作品総数は4、内訳は本賞が3、準賞が1であった。

本賞受賞3作品の概要は**図表Ⅱ・20**の通りであり、応募主体を類型別にみると、団地組合（事業協同組合）、新連携コア企業、支援機関が各1で、新連携コア企業による本賞受賞は初めてであった。地域別にみると青森県が2件となった。また、テーマについてみると「中小企業地域資源活用促進法」認定事業の受賞は初めてであった。

3作品のなかでは青森県の活動を記した青森県中央会と協同組合青森総合卸センターのレポートは、ともに審査委員全員から高い評価を受けた。

青森県中央会のレポートは、中央会の職員が、わが国の生産量の7割を占める青森県産ニンニクを用いて特産品「黒ニンニク（発酵ニンニク）」を開発し、地域の活性化を実現しようとする取り組みを綴ったものである。筆者は、2004

（図表Ⅱ－20）2008年度（第12回）本賞受賞作品の概要

応募主体の名称 <所在地>	タイトル	テーマ
青森県中小企業団体中央会 <青森県>	県産ニンニクのヌーベル・バーグを求めて	新事業展開、地域資源活用
協同組合青森総合卸センター <青森県>	卸団地の変容とレスポンス	団地組合の課題とその対応
株式会社ツルオカ <茨城県>	わが社の研究開発と事業革新	新連携、産学官連携、環境・リサイクル

年に「黒ニンニク」と出会い、２００６年に新聞記事で黒い発酵ニンニクの成分に、生ニンニクよりも強い抗がん作用があることを知り、青森県産ニンニクの歴史を変えるチャンスではないかと考えた。そして産学の協力を得て県産ニンニクの「裾物」（下等品）を活用した「黒ニンニク」を製造・販売し、特産品として育て、「素材供給県」から脱し、地域活性化を図るための「県南ニンニクを用いた加工食品の開発」事業を進めていく。その後２００８年に任意団体「青森県黒にんにく協会」が発足し、同団体が共同販売事業等を通じて黒ニンニクなどのニンニク加工食品の販売促進活動を継続している。

この取り組みの成功要因としては、①サンプルの製造を打診した協力先の選定が適切であったこと、②抗がん作用の実験結果を発表した佐々木博士との産学連携が図れたこと、③「地域資源活用促進法」（**図表Ⅰ-16**）の支援事業に応募し採択されたこと、④「黒ニンニク」をマスコミに徹底ＰＲしたこと、⑤共通の課題克服のための組織の構築に取り組んだこと、等が挙げられる。このように地域資源を活用して製品開発から販売に取り組む組織活動と、「現場主義」、「地域主義」をモットーにこれをサポートする中央会等の役割が具体的に描かれており、他の組織にとって参考になる説得力のあるレポートである。

協同組合青森総合卸センターは、２００１年から２００７年までの7年間にわたりこれまでにない「組合員の倒産と撤退」を経験した。本レポートの筆者である組合の専務理事は、こうした現象の背景となる「卸団地自体の変容」に焦点を当てて、数値による冷静な分析を行い、その原因分析や実施した対応策とその評価、将来への提言について論じている。筆者は組合が直面している「組合員の倒産と撤退」は、組合にとって台風や地震のような自然災害のように訪れ、大部分は事後的に受動的に対処するしかないのが実情であると考えている。しかし、これに対して組合の積極的なマネジメントはあり得ないのだろうか、と問いかける。そして、組合の能動的なレスポンス（応戦）として、①組合の積極的なマネジメント、②金融事業の維持、③景観事業と環境事業と街づくり、について記述している。①については、組合員の倒産・脱退跡地処理に関与するにあたって何より大事なことは、組合自体の財務基盤を確立することであると考えている。そのうえで、組合員の脱退を常態と考え、事前の情報収集を心掛けることや、新たに団地内に設備投資を実施する組合員の資金調達に組合が協力することなどが重要になってくると主張している。②については、組合の財務・収支からみた損出額の許容範囲を段階的に数値化することで金融事業を適正に運用できると考え、「貸倒引当金」や「自己資本と転貸融資額の比率」などを算出し、リスクを「見える化」することでコントロールしている。また、新たに独自の保証基金制度を立ち上げた。こうした方策により、組合が組合員を見捨てないイメージを表出することができた。③については、組合は２００５年に「街並・景観整備プランニング」を策定し、「人」「モノ」「情報」が集まる「街づくり」が必要と考えＣＩ活動などを展開している。また、共同除・排雪などの環境事業にも注力している。以上全編を通じて「組合の危機に対して能動的に応戦する」という筆者の熱い思いが感じられるレポートである。

2009年度（第13回）

テーマは自由として広く募集し受賞作品総数は8、内訳は特賞が1、本賞が5、準賞が2であった。特に優れた作品として特賞が選出されたのは、レポート形式となって初めてであった。

特賞及び本賞受賞計6作品の概要は**図表Ⅱ-21**の通りであり、応募主体を類型別にみると、団地組合（事業協同組合）と支援機関（中央会、商工会議所）が各2、商店街関連組織（商店会振興組合）、事業協同組合が各1で、商工会議所からの応募作品が初めて本賞を受賞した。また、テーマについてみると、「指定管理

（図表Ⅱ－21）2009年度（第13回）特賞及び本賞受賞作品の概要

応募主体の名称 ＜所在地＞	タイトル	テーマ
岩村田本町商店街振興組合 ＜長野県＞	「共に生き、働き、暮らす」商店街創りのために	商店街活性化、(空き店舗対策)、創業支援、子育て支援
大阪機械卸業団地協同組合 ＜大阪府＞	「機械団地情報化グランドデザイン」の作成について	販売促進、ＩＴ活用
岡山県中小企業団体中央会 ＜岡山県＞	２，５００人を旅行へ招待!	商店街活性化、商店街間の連携（県内）
協同組合ベイタウン尾道 ＜広島県＞	卸団地とともに	団地組合の課題とその対応、団地組合の一体性維持
庄川峡観光協同組合 ＜富山県＞	「指定管理者制度」に挑戦！	指定管理業務
日南商工会議所 ＜宮崎県＞	商店街再生は食べあるき・町あるきで	地域活性化

業務」、「子育て支援」についての取り組みの受賞は初めてであった。
6作品のうち、特賞を受賞した岩村田本町商店街振興組合のレポートは、すべての審査委員から高い評価を受けた。

かつては佐久平一番の繁華街であった商店街も長野新幹線「佐久平駅」の開業を機に、同商店街の近隣に大型商業施設が進出し、客足が激減、商店街のシャッター化が始まった。本レポートはこうした状況に危機感を感じたその後の12年間の商店街の力強い足取りが述べられている。商店街の再生は「学ぶ」ことから始まり、研修の中から「共に暮らす、働く、生きる」街づくりをコンセプトとする『地域密着顧客創造型商店街』の構築を目指していくこととなった。「共に暮らす」を実現するために、お客様が暮らしに関わるどのようなものを望んでいるのか、商店街としてこれらを揃えているのかどうかを検証して、改善していく。「共に働く」ために、働く意志のある人が働ける場を創出し、提供していく。「共に生きる」ためにお客様とともに考え、悩み、「起業家」「創業者」を受け入れる環境を創出する。そのために組合は成り行き任せではなく「商店街を経営する」という意志を持って様々な活動への取り組みをスタートさせる。最初に地域の5,000世帯宛てアンケートを実施しこれを参考にして商店街づくりを進めていくこととし、まず、空き店舗を活用して組合直営で生鮮3品の店を開業する準備として月2回の『いわんだ市』を開催する。そこでお客様の生の声を聴くと「惣菜が欲しい」という声が圧倒的に多かったことから生鮮3品の店から惣菜店に方針転換し、「本町・おかず市場」を開業する。原材料を自分たちで仕入れて自ら製造し、メニューは商店街のおかみさん会が考える。そうすることでお客様は食の安全を確認でき、温かいものを温かいうちに召し上がることができ、商店街は高い利益率を確保できる。そして今では「本町・おかず市場」は商店街の収益事業の柱となっている。次に空き店舗対策の一環として「手造り、手仕事、技の街」をコンセプトとする「チャレンジャーズ・ショップ本町手仕事村」を開村し、コンセプトに適した事業を行うことを条件に入村を募集し、40数名の希望者の中から6名の入居が決まった。さらに『地域密着顧客創造型商店街』の完成に向けた取り組みは続き、２００７年に子育て支援会員制度「子育て村」を開村し、親子を対象とするイベントを開催した。また、２００９年には商店街が経営する全国初の学習塾「岩村田寺子屋塾」を開校した。その特徴は「子供たちの塾」というだけではなく、親や祖父母を交えた世代交流の学びの拠点という性格を持っている点である。

組合は、こうした一連の事業を通して「にぎわいの創出」を実現し、「美しく、安心、安全の住みよい街づくり」の中心となる商店街を創造することで地域貢献することこそが商店街の究極の使命であると考えている。まさに地域商店街活性化のお手本となるレポートといえよう。なお、その後の組合の取り組みについては後述の通りである（事例A、p.133）。

２０１０年度（第14回）

テーマは自由として広く募集し受賞作品総数は6、内訳は本賞が4、準賞が2であった。

本賞受賞４作品の概要は**図表Ⅱ・22**の通りであり、応募主体を類型別にみると、半数は支援機関（中央会、商工会）であった。その他は、事業協同組合、協業組合各１で、商工会、協業組合からの応募作品は初めての本賞受賞であった。また、テーマは「環境・リサイクル」など様々であった。

ここでは４作品のなかから、４種類の人材育成事業に取り組む大阪機械器具卸商協同組合のレポートを紹介する。

組合が最初に取り組んだのは初めて業界に入った社員の方の入門書作りである。メーカーに頼るのではなく、組合員各社から資料を取り寄せ、約３年をかけて組合自身で『機械器具・工具の基礎知識』を作成した。初版は２００８年７月に発刊し、２０１０年には改訂版を刊行した。次に取り組んだのはセミナーの開催である。これは上記冊子をより効果的に活用するために２００８年秋から開始したもので、受講対象を入社３

（図表Ⅱ－22）2010年度（第14回）本賞受賞作品の概要

応募主体の名称 ＜所在地＞	タイトル	テーマ
寿海酒造協業組合 ＜宮崎県＞	「食品リサイクル・ループエコ循環型経営」構築	協業化、環境・リサイクル
伊那市商工会 ＜長野県＞	「訪れた人達が安らぎを覚える、ご城下商店街」を目指して	商店街活性化（空き店舗対策）
大阪機械器具卸商協同組合 ＜大阪府＞	当組合が取組む人材育成－その思いとビジョン	人材育成
島根県中小企業団体中央会 ＜島根県＞	中小企業の環境配慮型経営促進に向けた島根の取り組み	環境・リサイクル

年目までの若手職員とし、毎年90人が受講している。その特徴は、組合員企業の経営者が各分野の講師を務め、講義を行うだけではなく自らの体験を受講者に伝えている点である。これにより、若手社員の知識・能力の底上げに加え、モチベーションや働きがいの向上に繋がっている。３つ目は「独立行政法人高齢・障害・求職者雇用支援機構大阪支部／関西職業能力開発促進センター」（ポリテクセンター関西）での技術実地訓練で、毎年若手社員を中心に約50人が受講している。以上３種類の若手中心のプログラムに加えて、２００９年９月に後継者をはじめとした経営者層の能力向上を目的とした「経営講座（基礎編）」をスタートし、30～40代の組合員企業の後継者や経営幹部約40人が受講した。そして翌２０１０年９月からは応用編がスタートした。以上のように本レポートは、組合が人材育成の重要性を認識し、若手の育成と経営者層の能力向上を2本柱とし、「メーカーとユーザーの橋渡しをする人間の能力を向上させることが機械器具業界全体の発展に結び付く」との熱い思いを持ち、人材育成事業に取り組んでいる姿を浮き彫りにしている。外部講師に依存することなく、苦労と工夫を重ねながらオリジナル教材と自前の講師で運営している点をはじめ、事業の取り組みに至った経緯や内容が、詳細かつ具体的に記述されている。なお、その後の組合の取り組みについては後述の通りである（事例Ｄ、p.152）。

２０１１年度（第15回）

テーマは自由として広く募集し受賞作品総数は５、内訳は本賞が５で準賞該当作品はなかった。

本賞受賞5作品の概要は図表Ⅱ-23の通りであり、応募主体を類型別にみると、支援機関2（中央会、商工会）、団地組合（事業協同組合）、共同店舗組合（事業協同組合）、商店街関連組織（任意団体）各1で、共同店舗組合からの応募作品の受賞は初めてであった。また、テーマについてみると「農商工等連携」についての取り組みの受賞は初めてであった。

5作品のなかで審査委員から高い評価を得たのは表参道発展会の取り組みである。

本レポートは、豊川稲荷の門前町商店街が、商店主たちの努力によってにぎわいを取り戻す過程を6人の執筆者が書き綴ったものである。ピーク時は年間600万人を数えた同商店街の来街者数は1／3にまで落ち込んだ。こうしたなか商店街は、お金のかかる景観事業などによるハード面の集客ではなくソフト

（図表Ⅱ－23）2011年度（第15回）本賞受賞作品の概要

応募主体の名称 ＜所在地＞	タイトル	テーマ
表参道発展会 （いなり楽市実行委員会） ＜愛知県＞	観光地ゆえに地元の人々にも「親しまれ、信頼される門前町」を目指して	商店街活性化
滋賀県中小企業団体中央会 ＜滋賀県＞	滋賀の特産品：鮒寿司由来の新乳酸菌小松菜キムチの開発	農商工等連携、地域資源活用
熊本流通団地協同組合 ＜熊本県＞	組合運営は「あきんど!?」魂で	新たな共同事業
泉北光明池専門店事業協同組合 ＜大阪府＞	空き店舗対策（リーシング活動）で見えた当組合の強みの源泉	空き区画対策
湖西市商工会 ＜静岡県＞	脱酒屋で特産品グループの組織化	新事業展開

中心の集客を目指し、イベントを中心とした「できることから始めるまちづくり」を合言葉に活動を始めた。そして1～2月を除く閑散月の第4日曜日に開催する『いなり楽市』では行政の協力を得ることで、市営駐車場から豊川稲荷までの間の門前通り約２００メートルの区間を車両通行止めとし、様々なイベントに挑戦している。その一番のメインは、お客様優先の自由市とした「元気軒下戸板市」で、本来の業種以外の商品の販売や他店とのバッティングもＯＫとした。また、道路を有効利用できることから各種の大道芸を盛大に行うことができるようになり、今では全国から大道芸人が集まるようになってきている。さらに市営駐車場の無料開放により、フリーマーケットやその他の行事を開催している。

資金を必要としない景観整備への取り組みとしては、まちの古さを活かした「レトロまちかど博物館」、日本一のコレクターの協力による「ホーロー看板」がある。また、資金を必要としないソフト事業のひとつとして、商店主による「ちんどん屋」の結成があり、商店主自らがイベントや各店舗の広告塔となり、今では『いなり楽市』の顔となっている。そして行政以外にも地元保育園、小中学校、高校・大学へのイベントへの参加を呼び掛け、イベント開催時には幅広い年齢層の方が門前町に集まるようになってきた。こうした『いなり楽市』の実行委員会の責任ある部署はすべて20～40歳代前半で構成されており、若手のやる気とイベントへの参加意識の向上を図っている。さらに商店街では既存の商店街の枠を超えたまちの活性化をはかるために、文化事業などを通して空き店舗対策、雇用の創出、地域への利益還元を目的とする純民間のまちづくり会社が設立された。また、地域ブランド確立の面からは、観光協会、行政、商工会議所、市内のすし店など幅広い人たちが参加した「いなり寿司で豊川を盛り上げ隊」が2010年の第5回B1グランプリ[注15]厚木大会にて6位入賞を果たした。筆者は、このような取り組みを通じて町は一つになりかけていると実感している。しかし、今後のまちづくりにおいては、これが絶対という特効薬はなく、「自分たちが地元を好きになり、自分たちの町は自分たちで何とかしていこうという」という一人一人の意識が何よりも大切であると締めくくっている。

2012年度（第16回）

テーマは自由として広く募集し受賞作品総数は4、内訳は本賞が4で準賞該当作品はなかった。本賞受賞4作品の概要は**図表Ⅱ-24**の通りであり、応募主体を類型別にみると、団地組合（事業協同組合）2、支援機関（商工会議所）、事業協同組合各1であった。また、テーマについてみると、「農商工等連携」の取り組みは前年度に続いての受賞となった。また、連棟式の「団地組合の再整備」について具体的な解決に向けた考え方を示したレポート（協同組合津卸商業センター）が初めて本賞を受賞したことは同様の問題を抱える団地に良い刺激を与えるものと思われる。[注16]

　ここでは4作品のなかから審査委員から高い評価を得た久留米商工会議所経営指導員による取り組みを紹介する。

本レポートは、久留米商工会議所が中心となり地域支援機関との連携体制を構築しながら農商工等連携事業の推進を図った経緯を記述したものである。支援の契機は、観葉植物のリースや園芸植物の生産・販売等を行う企業からの経営相談であった。会議所は既存事業の強化についてアドバイスするとともに、経営資源を棚卸し、同社に「気づき」を与えた。同社は観葉植物の中でも特にラン科植物の栽培ノウハウに強みがあったことから、新事業として国産初の（ラン科の）バニラビーンズの生産・加工・販売に取り組むこととなり、会議所による組織的な支援がはじまる。まず新事業に係る経営改善計画策定を支援し、経済産業省の承認を得る。次に生産体制を整備するために栽培農家を探したが、日本初の栽培となるバニラビーンズは農家としても先例がなく、快く引き受けてくれる先は見つからなかった。そこで経営革新承認企業による月例勉強会「くるめ経営

（図表Ⅱ－24）2012年度（第16回）本賞受賞作品の概要

応募主体の名称 ＜所在地＞	タイトル	テーマ
久留米商工会議所 ＜福岡県＞	バニラの街久留米・バニラの福岡県南部地域を目指して	地域活性化、農商工等連携
ふるさと萩食品協同組合 ＜山口県＞	「萩の地魚、もったいないプロジェクト」の実践	地域資源活用、農商工等連携
協同組合長崎卸センター ＜長崎県＞	組合保有資産総動員での共同事業新規起業、その例として	新たな共同事業
協同組合津卸商業センター ＜三重県＞	これからの組合運営と共同事業の在り方	団地組合の課題とその対応、団地組合の再整備

道場」のなかに「バニラプロジェクト」を立ち上げたところ、イチゴ農家が趣旨を理解し、栽培を引き受けてくれた。併行して自然に近い環境でキュアリング（発酵・乾燥）を無菌条件化で行う加工技術を同社が開発し、特許を出願した。このように生産体制が整備されてきたことに伴い次のステップとして「バニラの街久留米・バニラの福岡県南部地域」を目指して、県南部地域の商業者を中心とするプロジェクト参加企業による新商品開発構想が持ち上がる。会議所は、同社を中心とした農商工等連携計画の認定支援に取り組み、認定を受けるまでには工業技術センター、知的財産センター、弁護士会、地元金融機関、県南部地域の商工会議所・商工会等様々な支援機関と連携し本事業を支援した。そして認定後もジェラード店、アイスクリーム店、お香製造販売店、複数の酒蔵などとの連携し、商品化に向けた取り組みをサポートしている。さらに会議所は同社と打ち合わせをし、積極的にメディアに働きかけるなど、販路拡大についても支援している。

筆者は、経営支援のあり方として、潜在的課題に気付いてもらうことの重要性、また心構えとして「おせっかいな仲人のイメージ」で「常に伴走する！」ことの必要性を主張する。さらに支援機関は変化を捉え危機感を持ち、支援企業のお手伝いをすべきだと締めくくっている。

２０１３年度（第17回）

テーマは自由として広く募集し受賞作品総数は6、内訳は特賞が1、本賞が3、準賞が2で、特賞が選出されたのはレポート形式となって2回目であった。

特賞及び本賞受賞計4作品の概要は図表Ⅱ－25の通りであり、応募主体を類型別にみると、団地組合（事業協同組合）、任意団体（同業者）、支援機関（商工会議所）、事業協同組合各1と様々であった。また、テーマについてみると「業界の課題解決」に向けた取り組みが初めて本賞を受賞した。

4作品のうち、特賞を受賞した広島食品工業団地協同組合のレポートは、組合の事務局が経営主体となって個別の企業では対応できない住工混在・容積率不足問題、排水処理場の技術的・人的問題の解決に向けた取り組みについて記述されている。作品の中心テーマである住工混在・容積率不足問題とその対応については以下の通りである。

当組合は、食品製造業者で構成された工業団地組合で、設立以降団地への住宅等の建築は禁止されていたが、1996年に公有水面埋立法の土地譲渡制限が解除されたことに伴い、住宅等の建築物に関する制限が

（図表Ⅱ－25）2013年度（第17回）特賞及び本賞受賞作品の概要

応募主体の名称 ＜所在地＞	タイトル	テーマ
広島食品工業団地協同組合 ＜広島県＞	工業団地における協同組合の使命と事務局の役割	団地組合の課題とその対応、環境・リサイクル、まちづくり
富山整容協同組合 ＜富山県＞	時代の変化に対応できる組合を目指して	人材確保、人材育成
全日本機械業連合会 ＜広域（大阪府）＞	「親睦団体」から脱皮し「儲かる全機連」へ	業界の課題解決、IT活用
箕面商工会議所 ＜大阪府＞	商店街活性化の落とし穴	商店街活性化

なくなった[注17]。その結果、都市部への交通の便が良い団地では「住工混在問題」が懸念されるようになった。「住工混在問題」とは、市街地等にある工場密集地の空き地に住宅やマンションが後から建設されることにより、住民と工場との間に発生する騒音や臭気などの様々なトラブルで、結果的に工場は深夜・早朝の操業自粛や、最悪の場合は移転を余儀なくされることもある。また、団地内の土地の容積率の制限により、工場の増築等ができないこと（「容積率不足問題」）が個々の組合員発展の阻害要因となっていた。

こうした２つの課題を解決すべく組合は、同様に容積率不足問題を抱える隣接工業団地に呼びかけ、両団地でプロジェクトチームを組織し、専門家のアドバイスも受けて、都市計画法の「都市計画提案制度[注18]」に基づき、住宅等の建築制限と容積率の緩和を盛り込んだ地区計画を作成した。当初、プロジェクトチームが作成した地区計画は、周辺地権者からの反発があったために、広島市の求めた受理の条件を満たすことができず、計画は頓挫寸前まで追い込まれた。そこで市に対して、住工混在問題は組合員の団地撤退を引き起こし税収減や雇用喪失につながること、組合員の発展のために容積率緩和が必要であることを粘り強く説明した。その結果、市は周辺地権者の理解を得るため建築物制限に特例を適用することを認め、反対していた地権者からの同意が得られたことから計画は正式に受理された[注19]。これにより住工混在防止が図られるとともに、容積率の緩和（２００％→３００％）により団地内の土地の利用価値が高まり、組合が過年度に破綻した組合員から一時的に買い取った土地の処分にも成功した。

本レポートで取り上げられた住工混在・容積率不足問題は、都市部の工業立地において普遍的に起こり得る課題といえようが、制度や地権者の利害関係が複雑に絡むことから解決困難な問題である。このような難題に対し、筆者は「組合事務局が組合を経営する」との強い当事者意識のもと、組合員の結束や他組合との連携を図りつつ、一方で行政に粘り強く働きかけて問題を解決した。事務局の熱意と工夫がリアルに記述された好事例といえる。なお、その後の組合の取り組みについては後述の通りである（事例Ｂ、p.140）。

２０１４年度（第18回）

テーマは自由として広く募集し受賞作品総数は８となった。内訳は本賞が８で、２０１６年度までの20年間では最多である。準賞該当作品はなかった。

本賞受賞８作品の概要は**図表Ⅱ‐26**の通りであり、応募主体を類型別にみると、支援機関３（中央会2、市町村1）、団地組合（事業協同組合）及び商店街関連組織（事業協同組合1、まちづくり会社1）が各2、協業組合1であった。地域別にみると鳥取県が2件となった。また、それぞれのテーマについては、「商店街活性化」など多岐に亘っている。

8作品のなかで特色のあるものは、3年半にわたり提案型の組合間連携に取り組んだ埼玉県中央会の活動レポートで、他の支援機関の参考になる事例である。

埼玉県内の組合数の減少が続くなか、中央会では新たな組合支援に取り組むべきとの危機感が強くなり、２０１１年度から組合間連携支援活動をスタートした。活動を開始するにあたって中央会は、①連携の目的をどこにおくのか、②連携支援のケースをどう想定するのか、③連携支援のニーズをどう把握するのか、④連携支援の予算はどうするのか、といった大きな課題をまず整理する。①については、「ビジネスの拡大」支援、②については「大きく緩やかな連携」とし、

（図表Ⅱ－26）2014年度（第18回）本賞受賞作品の概要

応募主体の名称 ＜所在地＞	タイトル	テーマ
株式会社法勝寺町 ＜鳥取県＞	米子市法勝寺町商店街活動報告	商店街活性化
埼玉県中小企業団体中央会 ＜埼玉県＞	提案型「組合間連携」支援の取組み	地域資源活用、組合間の連携
協同組合新大阪センイシティー ＜大阪府＞	二度の再整備事業を経て	団地組合の課題とその対応、団地組合の再整備、空き区画対策
栃木県中小企業団体中央会 ＜栃木県＞	栃木県中小企業団体中央会における組織化支援体験報告	地域活性化
大正町市場協同組合 ＜高知県＞	漁師町久礼の台所、大正町市場をもりあげるための活動	商店街活性化
周南市役所 ＜山口県＞	子どものパワーで商店街活性化	商店街活性化
鳥取県金属熱処理協業組合 ＜鳥取県＞	「とりねつ」の工場活性化チャレンジ	人材育成、ＩＴ活用
佐世保卸団地協同組合 ＜長崎県＞	倒産跡地買取資金借入１４億からのリスタート	団地組合の課題とその対応

③については、組合側からのニーズを待つことなく中央会から提案をもちかけることとした。また、④については、補助金等はなかったことから巡回訪問のための旅費だけを確保した。次に中央会は、全職員35名から、日頃巡回訪問している組合の情報を収集・整理し、どの組合とどの組合が連携したらシナジー効果が大きくなるかという仮説提案を出し合った。その際には実現可能性は考慮する必要はないこととした。その結果重複を除く39連携の提案があり、この39について、連携の主体となる組合を「コア組合」と定め、コア組合毎にグループ化すると９連携に絞り込むことができた。そして９連携毎に担当職員を決めて、中央会からアプローチを開始した。その後毎年同様に連携提案先を選出し、３年半の間に46の組合間連携の支援を続けた。レポートではその成功事例の一つとして、秩父樹液生産協同組合と秩父観光土産品協同組合の連携を挙げている。当該連携のテーマは、カエデ樹液を活用した商品開発で、樹液組合は、カエデ樹液を土産品組合に販売し、土産品組合は樹液を全量買い取り、組合及び組合員によるオリジナル商品の開発をスタートさせ、カエデ樹液をそのまま使用した「樹液サイダー」や「樹液ゼリー」などの商品を開発した。また、個々の組合員でも樹液を煮詰めたメープルシロップを使用したラスク、プリン、パン等の食品やリキュールといった新商品を開発した。その後同事業は２０１６年10月に「中小企業地域産業資源活用促進法」（**図表Ⅰ-16**）に基づく地域産業資源活用事業計画の認定を受け連携活動の幅が広がった。

本レポートは、時間も予算もない厳しい状況の中から中央会の全職員が自分達のコア・コンピタンス(注20)である情報収集力とコーディネート力を遺憾なく発揮し、提案型の組合連携支援に取り組んだユニークな事例である。筆者はこうした組合間連携支援は特別な支援ではなく、今までの支援活動の延長線上にあり、また組合間連携は埼玉県内の組合間にとどまるものではないとし、今後は全国の中央会間のネットワークをどう活かすかが重要となる、と結んでいる。

2015年度（第19回）

テーマは自由として広く募集し受賞作品総数は５、内訳は本賞が４、準賞は１であった。

本賞受賞４作品の概要は**図表Ⅱ-27**の通りであり、応募主体を類型別にみると、団地組合（事業協同組合）２、支援機関（中央会）、事業協同組合各１であり、埼玉県中央会は２年連続の受賞となった。また、テーマについてみると、「組合のブランディング」、「６次産業化支援」の取り組みは初めての受賞となった。

ここでは４作品のなかから組合のブランドを構築するためにユニークな活動を展開している仙台印刷工業団地協同組合のレポートを紹介する。

同組合は１９６６年に操業を開始し、以降集団化組合として、共同受注、金融事業、公害防止、快適な労働環境づくりなどの事業を展開し、組合員各社の経営基盤強化に貢献するとともに、地元経済の発展に寄与してきた。しかし近年、印刷業を取り巻く環境は劇的に変化し、印刷物は情報を伝達する「主な手段」から、「選択肢の一つ」として位置づけられるようになった。

そこで組合は、東北大学大学院の地域イノベーション研究センターと連携して印刷業の持つリソースを再定義・再編集してビジョンを策定し、その具現化のための拠点として「ビジネスデザインセンター」（以下ＢＤＣという）を組合内部に整備した。「ビジネスデザイン」とは、これまで印刷業界が苦手としていた「マーケティング機能」を軸に、印刷業の強みである「デザイン」と「ものづくり」を融合することで、東北の企業の商品が売れる仕組みを構築し、東北の産業活性化につなげていこうとする取り組みである。組合は２０１５年の地下鉄東西線開通を前に、仙台市との連携を強化し、市より２０１０年にインキュベーションマネジメント事業を、２０１２年には創業支援事業を相次いで受託した。前者については、組合は「インキュベーションセンターＦＬｉｇｈｔ」を組合会館内に立ち上げて、創業間もない企業に対して入居施設を提供するとともに適

（図表Ⅱ－27）2015年度（第19回）本賞受賞作品の概要

応募主体の名称 ＜所在地＞	タイトル	テーマ
仙台印刷工業団地協同組合 ＜宮城県＞	仙台印刷工業団地ビジネスデザインセンター構想とその取り組み	組合のブランディング、業界の課題解決
協同組合ジェプラ ＜広域（東京都）＞	パッケージが環境をリードする	新事業展開、環境・リサイクル、6次産業化支援
埼玉県中小企業団体中央会 ＜埼玉県＞	「全県一斉商店街まつり」開催レポート	商店街活性化、商店街間の連携（県内）
松本流通センター協同組合 ＜長野県＞	団地組合を母体とした共同事業の広域化	共同事業の見直し

切な経営支援を行っている。

また、後者については、創業間もない中小企業を対象に、新商品の開発やブランディング等をマーケティングとデザインの視点から支援する組織「創業スクエア」を運営しており、この２つの事業によりＢＤＣの機能強化を図っている。また、ＢＤＣでは、事業の一環として組合員各社の社員に対してマーケティングを中心とした座学研修の場と実践セッション（研修と企画コンペを複合化した仕組み）を提供している。そして、実践セッションでは岩手県の製麺メーカーの新商品のブランディングを支援し、販路拡大に結び付けるなどの成果を上げている。さらに組合は、市内の様々な産業支援組織や大学とも連携協定を締結し、共同で創業支援や商品開発支援を行っている。

組合はＢＤＣ事業を中核に、組合のブランディング、組合員各社の競争力強化と新しい共同受注の形をつくっていきたいと考えている。

２０１６年度（第20回）

テーマは自由として広く募集した。受賞作品総数は10となり過去20年間で最多となった。内訳は本賞が６、準賞は４であった。

本賞受賞６作品の概要は**図表Ⅱ-28**の通りであり、応募主体を類型別にみると、団地組合（事業協同組合）、共同店舗組合（事業協同組合）、商工組合、商店街関連組織（任意団体）、事業協同組合、支援機関（商工会議所）各１で、商工組合、共同店舗組合の取り組みについての受賞は２回目であった。また、テーマについてみると多岐に亘っている。

　ここでは６作品のなかから、共同店舗組合の事務局長が、事務局に求められる機能と役割について詳述したレポートを紹介する。

　一般的にショッピングセンター（以下「ＳＣ」という）開発は、全国規模の大手流通資本が開発主体となり、地元の小売業者はテナントとして入居するという方式であるが、福井県では１９７７年以降地元の中小商業者自らが開発主体となって事業協同組合を設立し、当該組合が運

（図表Ⅱ－28）2016年度（第20回）本賞受賞作品の概要

応募主体の名称 ＜所在地＞	タイトル	テーマ
岐阜県金型工業組合 ＜岐阜県＞	小さな組合だから	業界の課題解決、人材育成
新潟指定自動車教習所協同組合 ＜新潟県＞	産・学・官・金が連携事業として行うWEBマーケティング	共同受注、ＩＴ活用、産学官連携
協同組合 福井ショッピングモール ＜福井県＞	福井県民が誇りに思える日本一の共同店舗事務局を目指して	協同組合方式による共同店舗の運営、働き方改革
協同組合広島総合卸センター ＜広島県＞	組合活性化への取組み	団地組合の課題とその対応、団地組合の再整備、人材育成
中島商店会コンソーシアム ＜北海道＞	連携による商店街づくり、まちづくり	商店街活性化
児島商工会議所 ＜岡山県＞	児島ジーンズストリート構想	商店街活性化

営する方式により14のＳＣが開発された。筆者の勤務する協同組合福井ショッピングモールは、こうしたノウハウを凝縮した形で、２０００年10月にオープンした。

組合の代表理事は、①組合の方針は常に組合員の健全経営化につなげること、②組合の方針の実行は事務局職員が担うこと、③事務局職員に権限を持たせるとともに、職員はスキルアップを怠らず、そのノウハウを組合員にフィードバックし、支援・指導すること、以上３点を重視しており、事務局職員が常日頃から勉強し、組合員のことを考え支援することでその施設は繁栄し続けることができると考えている。筆者である事務局長は、ＳＣの立ち上げ期からこうした重責を担うことになり、２０１０年には施設内の空き店舗発生を契機に組合事務局が婦人服小売りのＦＣ店を経営することになる。そして筆者は同店のマネージャー職を拝命し、スタッフの採用・教育、販売、運営などの業務を担当し事業の難しさを体験し、店舗に対する意識が変わっていく。その後事務局が経営する店舗は3店舗まで増え、事務局は店舗運営の経験を積み重ねていく。こうした実績が元となり組合事務局が組合員から店舗運営の相談を受ける等、組合員の組合事務局への信頼が高まり、事務局は、売上管理方法や計画の検証等、組合員の個店支援ノウハウを身に付けていく。その体験から筆者は、「組合員に具体的な改善策を示すというよりも、数字に裏付けられた改善策に気付いてもらうこと」、「計画と検証を繰り返しながら安定した営業の仕組みを一緒に構築すること」が組合事務局の役割であると論じている。その一方では、組合事務局が保有しているＰＯＳやポイントカードなどの多くのデータが未だ使いこなされているとは言い難く、組合員への有益な情報を提供するという業務が全うされていないことについて反省の弁を述べている。

また、小売業における求人難が続くなか、組合は組合員や店舗スタッフらとのコミュニケーション強化や懇親を図り、さらには従業員教育に取り組むことで人材確保に努めている。そして「従業員満足度をあげることが顧客満足度を高める」という方針のもと、営業時間の延長をせず定休日を増やすといった他のＳＣとは逆の方針を打ち出し、オープン以来順調に売り上げを伸ばしてきている。

このように当組合は、地元の中小商業者によるＳＣとして、大手ではできない地域に密着した運営を行いながら良好なパフォーマンスを発揮している。代表理事のリーダーシップ、事務局の高いモラルと意欲、事務局への大幅な権限移譲、組合員企業の従業員の満足度アップが、良好な組合運営につながることを示唆する好事例である。

❹ 受賞作品に登場した連携組織の動向

「中小企業組織活動懸賞レポート」の20年間の歩みを振り返ることで、中小企業の多様な連携・組織活動、支援機関による様々なサポート及びそれぞれの現場における関係者の熱意や努力を体感することができたのではないだろうか。ただ、これらは過去の話であり中小企業を取り巻く環境は日々刻々と変化している。こうした変化に柔軟に適応していくために連携・組織化の考え方や目的も多様化していくものとみられる。ここではレポートに取り上げられた連携組織のなかから6先を選定し、インタビューを実施した。

まず、連携組織から応募された特賞・本賞受賞レポートから4先を選出し、これまでの活動状況や成果、受賞後の新たな取り組みなどについてフォローアップした。次に、支援機関から応募された本賞受賞レポートのなかから、支援機関の主導により設立された連携組織を2先選出し、設立後の活動状況等について聴取した。概要については以下の通りである。

（1）フォローアップ事例

事例A　岩村田本町商店街振興組合

設　立	1996年　出資金　1．1百万円　所在地　長野県佐久市
組合員数	61　専従者数　なし
業　種	小売、飲食、サービス、銀行等
主な事業	カード事業、学習塾、子育て支援施設、惣菜製造小売、食堂兼居酒屋、起業支援（インキュベータ）施設運営
運営方針	「共に暮らす、働く、生きる」を合言葉に『地域密着顧客創造型商店街』の実現を目指す
特記事項	一理事一事業担当体制で責任を持った事業運営を実施

1．商店街の歩み

現在までの商店街の歩みについては図表Ⅱ-29の通りである。

既述の通り商店街の商業集積地としての魅力が失われつつあるなか、1995年に30歳代を中心とする若手商店主や2代目経営者の集まりである青年会を中心に、商店街の組織改革の機運が高まり、翌1996年に「本町商店街協同組合」とイベントを中心に事業を行う任意団体「中央ビル商店街」を統合し、「岩村田本町商店街振興組合」が誕生した。2009年のレポー

（図表Ⅱ－29）岩村田商店街の歴史

年	商店街の歩み、新事業	補足説明
1964	道路拡張工事起工	周辺に商業施設がないこともあり高度成長期からバブル崩壊まで商業集積地として繁栄
1971	アーケード建築事業完成	
1993	上信越自動車道「佐久平IC」完成	
1996	商店街振興組合設立	
	「日本一に挑戦シリーズ」スタート	2005年までほぼ毎年継続
1997	長野新幹線開通、「佐久平駅」開業	組合から800mの新駅近隣に大型商業施設オープン
1998	長野オリンピック開催	
2001	アーケード建築事業・カラー舗装完成	
2002	コミュニティ施設「中宿おいでなん処」開設	
2003	惣菜製造小売店「本町おかず市場」開設	
2004	チャレンジャーズ・ショップ「本町手仕事村」オープン	起業支援
2007	子育て世帯を対象にした「子育て村」制度開始	18歳未満の子供のいる家庭を対象にした会員制度
2009	学習塾「岩村田寺子屋塾」オープン	全国初の商店街直営の学習塾
2010	子育て支援施設「子育てお助け村」開設	
	カード事業「佐久っ子WAONカード」事業開始	イオンと提携
2011	「高校生チャレンジショップ」開設	近隣の高校生が課外活動に利用
	「三月九日青春食堂」オープン	夜は居酒屋「九月九日ふくろう亭」
	「岩村田三陸屋」オープン	復興支援
2013	「学校法人鹿島学園通信制高校佐久キャンパス」併設	
	「よろず案内処岩村田コンシェルジェ」開設	
	チャレンジショップ「つどいの館こてさんね」オープン	飲食店専門のチャレンジショップ

（出所）組合資料に基づき筆者作成

トでは、商店街振興組合設立から「岩村田寺子屋塾」の開設までの取り組みについて詳細に記述されており、概要については既述の通りである。そしてそれ以降についても、組合は精力的に『地域密着顧客創造型商店街』の実現に向けて新たな事業に取り組んでいる。

2．受賞後の新たな取り組み

２０１０年度以降の主な新事業としては、「佐久っ子WAONカード」、「子育てお助け村」、「三月九日青春食堂」、「通信制高等学校の開校」などが挙げられる。各事業の概要については以下の通りである。

「佐久っ子WAONカード」は、商店街とイオングループの共同企画から生まれた地域密着型の「電子マネー」カードで、商店街加盟店や全国のイオングループ、WAONカード加盟店で買い物ができ、WAONポイントだけでなく、商店街ポイントである「佐久っ子ポイント」も貯まる。組合は、将来的にカードの「佐久っ子ポイント」を佐久エリアの「地域通貨」としてまちづくり・まちおこしに活用したいと考えている。具体的には、佐久市と包括提携協定を締結し、地域のボランティア活動などに協力した住民に行政がカードのポイントを進呈するような方法で、地域環境の整備促進を図りたいと考えている。そのために現在組合はカード会員増強に力を入れている。

「子育てお助け村」は、託児と子育ての支援施設で、子育て世帯を対象に２００７年に立ち上げた商店街の会員制度「子育て村」の会員の声に応えてオープンした。乳幼児から小学校低学年までの託児に対応しており、短時間の利用も可能である（図表Ⅱ・30）。

「三月九日青春食堂」は、２階建ての古民家を改装したもので、地元の農業高校生とのコラボレーションメニューを開発して昼は食堂、夜は居酒屋「九月九日ふくろう亭」として営業している。米粉うどん中心の地産地消のメニューが中心となっている。

最後に「通信制高等学校の開校」について説明すると、「岩村田寺子屋塾」では２０１０年から２０１２年度まで発達障害の児童を対象にした学力支援講座を開講する機会を得た。その経験から組合は「彼らの活躍の場を商店街で整えて、自立を支援したい」という思いを強く抱くようになった。そこで２０１３年に広域通信制の学校法人鹿島学園高等学校の佐久キャンパスになることを決断した（図表Ⅱ・

（図表Ⅱ－30）「子育てお助け村」での託児の様子

31)。商店街振興組合による全国初の挑戦である。商店街のなかには食堂、惣菜店、和菓子店、理容店、薬局、電器店、呉服店など多数の商店がある。また、地域の高校生のための成果発表や販売実践の場として「高校生チャレンジショップ」もある。さらに商店街では毎月のように様々な地域住民のためのイベントが開催されている。佐久キャンパスは、こうした商店街の持つ多様な社会資源を活用し、生徒の社会性を育み、自立を支援したいと考えている。組合の言葉を借りれば、「商店街がお節介をやきながら子供を自立させる」取り組みに力を入れるということである。

(図表Ⅱ－31)「鹿島学園高等学校佐久キャンパス」の生徒募集パンフレット(抜粋)

(出所) 同校パンフレット

3．取り組みの効果

組合による商店街再生に向けた取り組みによりまちは活気を取り戻しつつある。数字の面でも、２０００年度時点では組合加盟店42店舗のうち15店舗は空き店舗であったが、現在は61店舗中３店舗まで減少した。また、歩行者通行量も２００９年度は１８０名／日であったが、最近は８５０名／日程度まで増加しており、その効果ははっきり表れている。

組合はかつて毎年「日本一イベント」を開催し、イベント自体は大成功を収めた。しかしながら、個店の商いには結びつかなかった。こうした経験から組合は一時的な盛り上がりだけでは真の活性化にはつながらないことを学習した。そこから商店街再生の第一歩がスタートし、現在の組合活動の理念となっている「『地域密着顧客創造型商店街』の構築」という商店街共通の目標、中心軸が固まっていく。そして組合は以降、軸がぶれることなく目標に沿う事業を展開し、それを継続した。こうした地道な努力が実を結びつつある。

組合は次のステージに移ろうとしており、佐久市や佐久商工会議所との連携の中で「中心市街地活性化法」の認定を受けるべく動き出した。例えば、近隣に定住ゾーンを設けて、高齢者でも歩いて買物やサービスを楽しむことができるような商住が共存するコンパクトなまちをつくる、移動には先進的な乗り物を導入するなど、「歩いて楽しく買い物のできる街」を実現するための「新たなまちづくり」を目指した計画を策定中である。そして、将来的にはまちづくり会社を設立し、現在組合が実施している収益事業は同社が運営し、組合はコミュニティ事業に専念したいと考えている（取材日：２０１７年５月17日）。

事例B　広島食品工業団地協同組合

設　立　１９７６年　出資金　７０１百万円　所在地　広島県広島市西区
組合員数　19（進出時25）　専従者数　２名　業　種　食品製造、蒸気供給等
主な事業　倉庫、排水、駐車場、金融
運営方針　組合員１社単独では解決できない課題を組合が主体となって解決することで、安定した操業環境を守り、組合員の発展に寄与する
特記事項　「職住近接」の工場団地組合

１．設立の経緯

広島市は１９６６年から西部開発事業に着手し、市西部の草津・井口地区の地先水面を埋め立て、約３２８ｈａの土地を造成した（１９８２年竣工）。ここに中央卸売市場、トラックターミナル、倉庫及び卸売団地等の流通業務施設並びに製造加工業等が集約立地し、広島市西部流通センター（以下「商工センター」という）が誕生した。[注21] 組合はその中に位置する食品製造業者で構成する工場団地として、集団化を実施し、排水処理場、冷蔵倉庫、駐車場、組合会館を順次建設した。

なお、商工センターは、その後、広島市と連携しながら産業の活性化や都市機能の整備・拡充に取り組み、現在同地区は20団体、約１、１００社を抱える日本有数の流通複合エリアとな

っている。

2．組合が直面する公法上の規制

既述の通り組合は、１９９６年に団地に係る公法上の土地譲渡制限が解除されたことに伴い「住工混在問題」に直面することとなった。また、団地内組合員工場増築の制約要因となっている「容積率不足問題」への対応を模索していた。これらの問題の解決を図るために、組合は、都市計画法の「都市計画提案制度」に基づき、住宅等の建築制限と容積率の緩和を織り込んだ地区計画を広島市に提案し、最終的に同計画は承認された。２０１３年度に特賞を受賞したレポートでは、こうした経緯が詳述されている。筆者である組合専務理事の言葉を借りれば、「晴天の日に、翌日降るかもしれない雨の準備を地道にする」という取り組みである。その後組合は、新たに工場立地法による緑地率等の規制が、将来的に組合員にとっての大きなリスクとなる可能性が高いと感じるようになった。

工場立地法とは、工場立地が環境の保全を図りつつ適正に行われるように導き、その結果、経済の健全な発展と国民の福祉の向上に寄与することを目的とする法律である。対象となる工場は、同法で定める「特定工場」で、具体的には、製造業、電気・ガス・熱供給業者（水力、地熱及び太陽光発電所は除く）の敷地面積９，０００㎡以上または建築面積３，０００㎡以上の工場である。ここで組合の所在地である広島市における工場の緑地率等の制限についてみると、同法の「特定工場」に対しては、緑地面積及び環境施設面積[注22]の敷地面積に対する割合についての同法の準則が適用され、緑地面積率は20％以上、環境施設面積率は25％以上と定められている（図表Ⅱ-32、緩和前）。

一方、広島市の「広島市地球温暖化対策の推進に関する条例」に基づく緑化推進制度により、団地内については、建設物の敷地面積1、000㎡未満の場合は0％、1、000㎡以上の場合は10％以上の緑化率（緑化施設等に係る面積の敷地面積に対する割合）が適用されている。このように、同じ団地内に立地する組合員の工場であっても規模の違いによる緑地等に関する規制は大きく異なってくる。

ちなみに業種による違いについてみると、商業施設などは工場立地法の対象外となっており、敷地面積9、000㎡以上であっても、前述の緑化推進制度により緑化率は10％（以上）が適用されている。また、同じ広島市の製造業の工業団地であっても、工場立地法の「工業団地等の特例」を活用して、緑地率等を緩和している特例工業団地もある。

ここで団地内の状況についてみると、設立以来すでに40年以上を経

（図表Ⅱ－32）緑地及び環境施設の敷地面積に対する割合

	従前（緩和前）	条例案（緩和後）
緑地面積率上	20%以上	10%以上
環境施設面積率	25%以上	15%以上

（資料）広島市（2017）「工場立地法に基づく緑地面積率等の緩和について」

過し、組合員のなかには業容拡大に伴い団地内の工場を増築している先も散見される。また、組合員の撤退や倒産に伴い、脱退先の工場を隣地の組合員が購入したようなケースもあり[注23]、一部の組合員の工場については「特定工場」の規模に近づいてきている。このような組合員の工場がこの先増築や隣地工場取得等により、「特定工場」に指定されると、①既存の敷地を含めて緑地率等の規制が及ぶことになり、建蔽率制限限度までの建物建築が難しくなる、②食の安心・安全を守るための防虫対策に支障を来す、などの大きな問題が生じることになる。

具体的に説明すると、①については、工場の敷地全体の建蔽率制限限度（60～70％）により、敷地以外の空き地は30～40％となるが、その大部分を緑地等（25％）として確保することが必要となり、建物の外周スペース、物資の仮置き場や駐車場などの確保が難しくなり、敷地利用が大幅に制限されてしまう。また、②については、緑地率が10％の状況であっても、春には樹木に虫が発生し、それを狙って鳥が集まり糞害に悩まされ、土には蟻が住み着く。虫は、ドアやシャッターの開閉時やパレットに付着して工場内に侵入する。秋には落ち葉が構内を飛び回り工場内に入り込み、出荷製品に付着するなど、業種柄防虫対策に神経を使う必要がある。これが緑地率25％となれば、虫・蟻・落ち葉対策が追い付かなくなり、食の安心・安全に支障を来すことになる。

また組合は、一体的に開発された工場団地内で、特定工場か否かによって緑化の義務が大きく異なることも、団地組合としての一体的な環境形成を妨げる要因になることから、緑地率等に関する規制に強い危機感を抱くに至った。そして組合の工場立地法の緑地率等の緩和に向けた新たな挑戦が始まった。

3．受賞後の新たな取り組み

商工センターでは、地区内の企業・組合等が一体となって経営環境の改善と活性化に取り組む機運が高まるなか、広島市の呼びかけにより２０１４年５月より「商工センター地区活性化検討会」を開催することとなった。その趣旨は、土地利用、防災、地域経済など、まちづくりに関する幅広い観点から地域と行政が課題を共有しつつ、その将来像を見据えた施策の検討を行うことにある。検討会の構成員は16名で、商工センター内の関係団体９名の他に、学識経験者が２名、広島市から５名が参画している。

組合は、緑地率で同様の問題を抱える商工センター内の隣接組合とともに、この検討会に「工場立地法における特定工場の緑地面積等の緩和について（意見書）」を提出し、２０１４年10月の検討会で本件が主要なテーマとして採り上げられた。以降約２年半にわたり、組合は商工センターと連携しつつ、市の担当部署との意見交換を重ね、２０１７年２月に市議会に工場立地法地域準則条例が上程されることとなった。その内容は、図表Ⅱ-32の通りである。そして、翌月に条例案が原案通りに可決され、４月に施行された。(注24)

２０１３年度のレポートで記述している「ひょっとしたらこんなことができないだろうかと

考えて、チャレンジする」という組合の行動が、またもや組合員の将来リスクを軽減する大きな成果を上げることにつながったのである（取材日：２０１７年７月19日）。

事例Ｃ　被災地労働者企業組合

設　立　１９９６年　出資金　０・８百万円　所在地　兵庫県神戸市長田区
組合員数　12　専従者数　なし
業　種　ナースシューズ等製造・販売
運営方針　働く者が自主管理・自主経営・自主運営する事業形態のもとで、共に助け合い、力強く生きていく（雇う者、雇われる者の区別はない）
特記事項　主力商品「シューズ21」は県内の20の病院をはじめ、全国40以上の病院で支給対象の商品となっている

１．靴作りに至るまでの組合の歩み

　１９９５年に発生した阪神淡路大震災で、神戸市長田地区の地場産業であるケミカルシューズ業界は壊滅的な打撃を受けた。勤務していた工場が焼失し、職を失った靴職人たちは、職場復帰の見通しも立たず茫然自失の状態であった。そんななか、兵庫県中央会のアドバイスを受け、志をともにする仲間が集まり「自分たちで仕事を産み出し自活しよう」と資金を出し合って１９９６年９月に企業組合を立ち上げた。

　組合の事業は設立当初はプレハブ小屋からスタートし、ドイツ健康靴の輸入販売を行いながら、ドイツの職人の下で外反母趾など治療用の整形外科靴の技術を学んだ。その後、「足と靴

の相談事業」を実施し、約1、２００人の足のデータを蓄積した。組合員は長年にわたり長田地区で靴を作ってきた職人たちであり、靴作りには人一倍思い入れがあり、自分たちの靴を作るための機械を購入する資金を確保するためにドイツ健康靴の輸入販売以外にも様々な仕事を行った。列挙すると、ドレッシング販売、食品販売、ベビーシューズ販売、イベント会場の警備、清掃の下請けなどで、２００５年度の本賞を受賞したレポートのなかで筆者は「考えられることは何でもした」と述懐している。そして、清掃事業の親会社の倒産による賃金の未払いや仕入先からの一方的な取引停止通告などの苦い経験を乗り越えて、創立5年目の２０００年12月になってようやく念願の靴作りに取り組むこととなった。

2.ナースシューズ製造

組合の主力商品となっているナースシューズ「シューズ21」は、①現場のニーズを的確に掴む、②科学的靴作りを目指す、③直売方式を採用する、の3つの方針に基づき製造販売されている。それぞれについて簡単に説明すると、

①については、震災の年に神戸で靴医学会が開催され、組合はそのテーマの一つであった「ナースシューズの悲哀」に関心を持ち、過酷な職場環境で働き、足の悩みを抱える看護師のニーズに応える、履きやすく、疲れない機能性を重視した靴を作れば売れるのではないかと考えた。

②については、組合はドイツ健康靴の輸入販売を行いつつ採取した足型を靴作りの基礎デー

タとして活用することを考えた。そのデータを基に、東京都立皮革研究所、兵庫県立工業センター、大学教授、老舗靴メーカーの社長などの協力を得て、縦横のアーチサポートにより足の形状を自然に補正することができる独自の足底板を開発した。具体的な機能について説明すると、縦のアーチサポートにより土踏まずを下から支え、偏平足を矯正し、竹踏み効果で足の疲れを癒すことができ、横のアーチサポートにより外反母趾を矯正することができる。また、横幅についても紐やマジックテープで調整可能とし、素材にはソフトウレタンを使用するなど履き心地にも配慮した。

③については、組合は作るだけで業者に卸せばそれで終わりというビジネスモデルを採用せず、ユーザーに最後まで責任を取りたいと考えた。また、顧客のニーズを直接聴取することで、より良い靴を作っていきたいと考えた。

以上の方針に基づき組合は、裁断、ミシンでの縫製、底付、圧着、仕上げ、と一足ずつ丁寧に手作業でシューズを製造しており、ユーザーから高い評価を得ている（**図表Ⅱ-33**）。また、軽く、耐久性にも優れており、パタパタという音がしない等という点も「シューズ21」の大きな特徴である（**図表Ⅱ-34**）。

組合は、図らずも震災時にボランティアで駆け付けたくれた看護師の方々への恩返しにつながる商品を作ることができたことに大きな喜びを感じている。

3. 受賞後の新たな取り組み

２００５年度のレポートは、震災直後からナースシューズ製造が軌道に乗るまでの混乱期から安定期に入るまでの波乱万丈の活動について記述したもので、筆者は「阪神淡路大震災で失職した、長田靴職人の奮闘記」と記している。

受賞後の組合活動については、ワーカーズ・コレクティブとしてシューズ製造・販売事業に注力しており、「シューズ21」の商品ラインナップも充実してきている。また、組合は足の健康を守るために労働現場の実態に合った「ワーキングシューズ」の研究・開発を進めていくという方向性に沿い、２００９年にナースシューズを改良した介護従事者向けシューズの製造販売を開始した。その特徴は、靴の履き口にゴムを付けて両手が塞がった状態でも着脱可能とし、歩行中に脱げないようにはき口が長い構造としている。当該商品は、介護従事者がベッドや車

(図表Ⅱ－33)「シューズ21」に関するモニター調査結果

聴取項目	肯定割合：%
総合的にこれまでの靴よりも良い	83
今履いている靴よりも履きやすい	82
今の靴に比べて疲労感が減少した	73
土踏まずのアーチクッションは気持ちが良い	76
踵のカップインソウルは安定感がある	84
外反母趾などの痛みが減少した	87

(出所) 組合実施アンケート
(注) モニター94人に上記項目について聴取

(図表Ⅱ－34)「シューズ21」の特徴

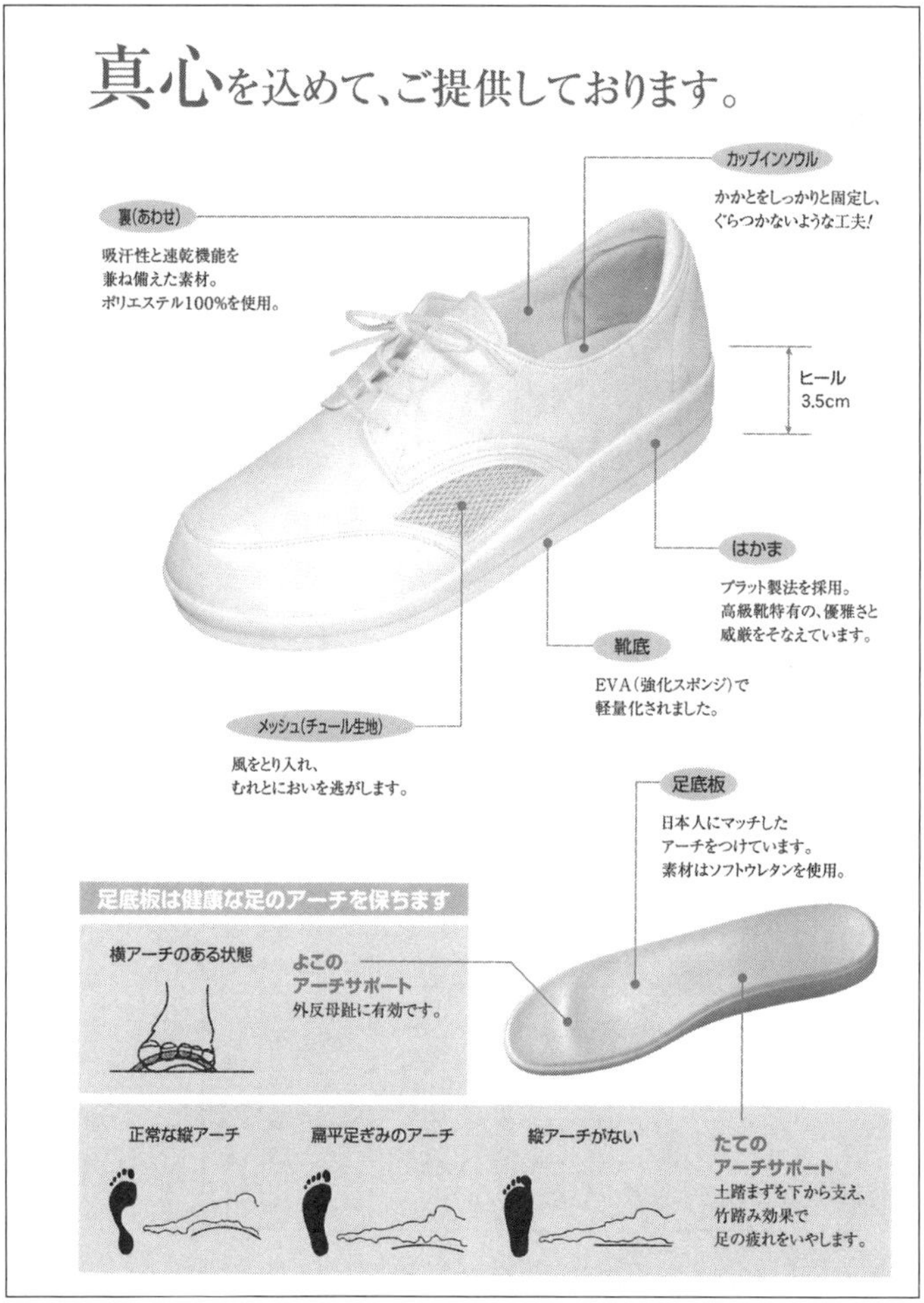
真心を込めて、ご提供しております。
カップインソウル
かかとをしっかりと固定し、
ぐらつかないような工夫!
裏(あわせ)
吸汗性と速乾機能を
兼ね備えた素材。
ポリエステル100%を使用。
ヒール
3.5cm
はかま
プラット製法を採用。
高級靴特有の、優雅さと
威厳をそなえています。
靴底
EVA(強化スポンジ)で
軽量化されました。
メッシュ(チュール生地)
風をとり入れ、
むれとにおいを逃がします。
足底板
日本人にマッチした
アーチをつけています。
素材はソフトウレタンを使用。
足底板は健康な足のアーチを保ちます
横アーチのある状態
よこの
アーチサポート
外反母趾に有効です。
正常な縦アーチ
扁平足ぎみのアーチ
縦アーチがない
たての
アーチサポート
土踏まずを下から支え、
竹踏み効果で
足の疲れをいやします。

いすを利用する高齢者を移動させる際などに容易に着脱でき、歩行中に脱げないという現場のニーズを的確にとらえたものといえる。

組合の歩みはまさに震災からの復興の歴史といえる。もちろん組合員の努力と団結力がその原動力となっているが、震災失職者に企業組合の設立を提案し、その後も献身的なサポートを続けている中央会の存在なしに組合の歴史は語れないであろう（取材日：２０１７年５月25日）。

事例D　大阪機械器具卸商協同組合

設　　立　1973年　出　資　金　12・7百万円　所　在　地　大阪府大阪市西区
組合員数　214　賛助会員数　160　専従者数　2名
地　　区　大阪府（9支部）　業　　種　機械器具・工具卸
主な事業　ETCカード斡旋、保険事務代行、共同配送、ガソリンカード斡旋、カーリース、教育情報、福利厚生、組合員交流など
運営方針　組合員支援を常に念頭に置く（組合員のために何かできることはないか）
特記事項　新理事長の方針のもと教育情報事業については、社員教育から経営者教育に重点を移している。また、組合活性化のために賛助会員であるメーカーとの連携を模索している

1．組合の歩み

　1913年に大阪の機械工具商業界で、親睦と情報交換を目的として「大阪機械商互親会」が結成された。これが組合の母体である。その後第二次大戦が終了すると、大阪府下の各地で機械工具を取り扱う業者の団体が生まれ、それらの連合体として1951年に「大阪機械工具商連合会」が発足した。そして同連合会は、業界の地位向上と共存共栄体制を一層進めるために1973年に事業協同組合に改組され（大阪機械工具商連協同組合）、1990年に現名称

に変更された。

２．教育情報事業の実績と見直し

既述の通り２０１０年度本賞受賞レポートは、組合の人材教育事業についてまとめたものである。具体的には、若手社員を対象とする冊子『機械器具・工具の基礎知識』を活用した「基礎知識セミナー」、独立行政法人高齢・障害・求職者雇用支援機構大阪支部（関西職業能力開発促進センター）での「ものづくり体験」、及び経営者層を対象とする「経営講座」への取り組みが詳述されている。こうした取り組みのその後の状況は以下の通りである。

『機械器具・工具の基礎知識』は、２００８年の創刊以来、組合員の新入社員をはじめとする若手社員の研修用の教材として活用されており、２０１０年10月の改訂後も幾度となく増刷・改訂を重ね累計で１４、５００部の発行部数に達している。冊子の内容の一部を紹介すると**図表Ⅱ－35**、36の通りである。そしてこの冊子を用いた「基礎知識セミナー」は、２００８年度

（図表Ⅱ－35）『機械器具・工具の基礎知識』総目次

第１章	切削工具	第６章	電動・エアー工具
第２章	測定機器	第７章	砥石・研磨布・研磨紙
第３章	工作機械	第８章	運搬・物流機器
第４章	工作機械用周辺機器	第９章	伝導・伝動機器
第５章	作業工具	第10章	管工機材
		第11章	ねじ

（資料）大阪機械器具卸商協同組合（2009）『機械器具・工具の基礎知識』第３版

（図表Ⅱ－36）『機械器具・工具の基礎知識』p.45

第3章 工作機械

第3章 工作機械

工作機械とは？

工作機械とは、広い意味では色々な材料を必要な形状、寸法、表面状態に加工する機械である。一般的にはもっと狭い意味に用いられ、主に金属を切りくずを出しながら目的の形状、寸法、表面状態に加工する機械のことをいう。材料から一つの品物を作り出すとき、その材料の余分な部分を削りとって、次第に希望する形状、寸法に近づけることができる。このとき、削られている材料を加工物、また削りとられた不必要な部分を切粉といい、このような加工法を切削加工という。

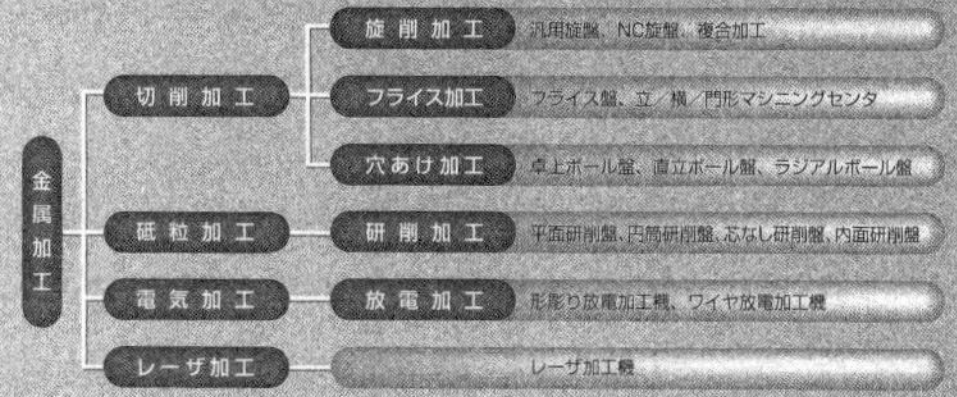

1 旋削加工用の主な工作機械

旋削加工とは、円柱状の原材料を高速で回転させ、それにバイトと呼ばれる切削工具を押し当てながら任意の方向に送って原材料の不要な部分を削り取り、所要の形状、寸法にする加工をいう。

旋削加工を行う工作機械を総称して旋盤という。

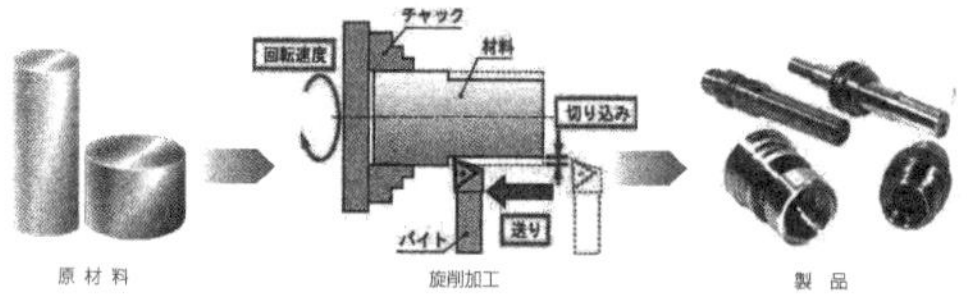

原材料　旋削加工　製品

45

を第1回とし、2015年度まで計8回にわたって開講され、累計で641名が受講した。

「ものづくり体験」についても、2008年度から2015年度まで計8回にわたって開講され、累計で381名が受講した。

「経営講座」は、2009年度から1期生を受け入れ、初年度は基礎編、次年度は応用編という2年サイクルで運用し、2012年度は2期生、2014年度には3期生が卒業し、累計卒業生は83名となった（基礎編のみの受講者を含めると累計卒業生は100名）。そして2015年度は、「人事・労務管理」講座を開講し33名が受講した。


教育情報事業を重視する考え方に何ら変わりはないが、組合は2008年度から実施してきた事業は累計受講者数などからみて一定の成果を上げたと評価し、「基礎知識セミナー」及び経営者層を対象とした講座は一旦終了した。2016年度以降についてはその力点を社員教育から経営者教育に移し、新たな工夫を試みている。その第一弾として2017年度は、2泊3日の日程でアイリスオーヤマの大連工場見学ツアーを企画し、定員100名で組合員及び賛助会員に案内したところ99名が参加した。ツアーのスケジュールをみると、初日は同社大連工場のメイン工場（家電、プラスチック製品等）見学3・5時間、二日目は同木製品・ペット工場の見学2・5時間及び大山社長の講演2・5時間、三日目は同メイン工場（家具、シーツ等）の見学2時間と、密度の濃い内容となっている。組合員は卸売業者であるが、川上のメーカーのものづくりの現場に対する関心が高いことが窺える。

なお、「基礎知識セミナー」のテキストとして使用された冊子『機械器具・工具の基礎知識』は、毎年コンスタントに６００～７００部程度の購入申し込みがあり、異例のロングセラーとなっている。また、「ものづくり体験」は、２０１６年度以降も継続実施している。

３．受賞後の新たな取り組み

組合は業界の人事処遇の実態を調査するために２０１６年７月に「業界革新のためのアンケート調査」を実施した。特筆すべき点は、売上や利益のみならず、給与や人事制度など、通常あまり外部には公表していない項目についても踏み込んだ調査を行ったことである。例えば、職位別の年収・退職金、有給休暇取得率、人事評価制度などについても質問項目を設けるなど、真に組合員の経営の参考指標となるデータを収集した。そして２０１７年２月に調査結果を冊子にまとめて各組合員に情報還元した。

その結果をみると、①従業員数によって生産性に大きな差があること、②生産性の違いがそのまま待遇にも影響していること、③働きやすさを改善する取り組みが重要になってきていることなどが明らかになった。

特に③については、アンケート調査により、残業時間、サービス残業が発生しないような方策、就業時間、休憩時間、有給休暇消化率、休暇の計画付与制度の有無、休暇取得推進のための取り組み事例、定年制度並びに雇用延長制度、育児休業や短時間勤務制度などの社員を支援する制度、女性の役職への登用状況などについて多面的な事業の取り組みに関するデータが得られたことから、今後組合員各社の働きやすさの向上に向けた動きを後押しすることにつながるとみられる。

また、２０１６年度から組合員・会員企業が多種多様な知恵を持ち寄る場として情報誌「工夫のるつぼ」を年３回程度発行しており、販売関係、顧客関係、組織関係、人事関係、人材教育、福利厚生、総務などの分野における有効事例を紹介している。例えば、組織関係では、月１回開催する経営会議にボス枠（課長、センター長など）、イノベーション枠（一般社員）を設けて、参加者から広く意見を求め、会議の内容については１週間以内に全社員に配信する、こうした運用により意思決定のオープン化を図ろうとする取り組みや、人材教育では、社長が全社員と年間２～３回の面談を継続することで、コミュニケーション強化を図ろうとする取り組みなどの事例が掲載されている。このように組合は、組合員や会員企業の知識やノウハウを共有の財産として活用しようと考えている。

４．組合の結束力とメーカーとの連携

組合の歴史は古く、組合員は古くからの顔なじみが多い。また、組合員の後継者は、大阪府下全域の機工商を対象とする広域的な青年組織「大阪機械工具商青年会（ＯＭＪＣ）」でともに勉強してきた仲間である。組合の結束力はこうした長年にわたる人的なつながりに支えられ

ている。また、組合は、2005年にメーカーとの連携を図るために「賛助会員制度（メーカー）」を導入した。その目的は、組合員企業とメーカーが相互に関連する諸問題に対処するために、情報及び意見の交換の場をもって相互理解を深め、業界間の信頼関係をより緊密にし、将来に向けて共存共栄を図ることにある。現在会員は160名に達しており、組合は会員の組合行事への参加を積極的に促している（取材日…2017年5月24日）。

(2) 支援機関主導により設立された連携組織の動向

中小企業の連携や組織化は自主的な体系であり、各構成員の意思に基づき形成されるものである。従って、メンバーが団結して共通の目標に向かって取り組む姿勢がなければ成果を上げることは出来ない。ただ、連携・組織化のきっかけづくりは簡単ではなく、また、その活動が軌道に乗るまでには様々な困難を乗り越えていかねばならない。こうしたことから実効性のある中小企業の連携・組織化を推進していくためには、旗振り役であり、良き相談相手、調整役となる支援機関の果たす役割が大きい。そして実際に支援機関のレポートをみると、中小企業の伴走者となって、連携・組織活動を支えるプロとしての矜持が窺える作品が多い。

ここでは、中央会主導により設立された2つの組合の設立の経緯、事業内容、現況などを紹介することとしたい。

事例Ｅ　企業組合東京セールスレップ（支援機関：全国中小企業団体中央会）

設　立	２００４年　出資金　10百万円　所在地　東京都台東区
組合員数	25　専従者数　１名
主な事業	共同販売事業、セールスレップ（販売代理人）育成サポート事業、製品開発支援・コンサルティング事業、ウエブサイト「いいもの交流館」の運営、教育情報事業
運営方針	組合員（高齢者）の雇用、いきがいの確保
特記事項	中央会の巡回相談がきっかけとなり、大手・中小企業の退職者等が協働して設立

１．設立の経緯

２００４年度に本賞を受賞したレポートによれば、筆者である全国中央会の担当者は、２００３年11月から翌年の１月にかけてセールスレップの研修会に参加し、地場産地組合の販路開拓にはセールスレップの活用が役立つという確信を得た。そして、個人よりも複数人による取り組みの方が、お互いのキャリアの補完や、精神的・肉体的負担を軽減させることができると判断し、企業組合を設立し、中小製造業者を支援できないかと考えていた。

そんななか中央会の会員への巡回相談により訪問した事務所は、大手・中小企業の早期退職者などの現役時代に豊かな人脈を築き、技術、キャリアを持った人たちが立ち寄る場となっていた。そこで、２００４年1月にこうした方々に集まってもらい企業組合の説明会を開催し、まず企業組合という組織の特性やメリットを説明した。それに加えて、メーカーは営業のアウトソーシング先を求めていること、セールスレップと個人による創業組織である企業組合の相性が良いことなどを説明した。その反響は大きく、個人の能力を最大限に活かせる組織であるセールスレップ企業組合の構想は関係者の心を動かした。以後幾度となく事業内容についての検討会が開催され、全国中央会と東京都の支援を得て同年４月に企業組合東京セールスレップが設立された。

２．組合活動

組合の組合員には、設立時のメンバーの人脈を通じてデザイン関係、生協、警備保障、大学教授、八百屋、運送事業者等、多様な職務経験を持つ人材が集まった。そして組合は、こうした組合員の知識や経験を活かして、共同販売事業、セールスレップ（販売代理人）育成事業、製品開発支援・コンサルティング事業、ウエブサイト「いいもの交流館」の運営、教育情報事業を展開してきた。共同販売事業についてみると、設立直後から組合関係者より南部鉄瓶・鉄器、関刃物の守り刀、盆栽用ハサミ、地場食品の削り節など数多くの商材が持込まれ、かつてはテレビ通販を活用した販売にも力を入れていた。現在は、組合員の高齢化等の影響もあり、事業規模は縮小してきているが、「ちょうようせっけん」（図表Ⅱ‐37）のようなロングセラー商品もあり、共同販売活動主体に地域の中小製造業の販売サポートを継続している。また、組合事務所は組合員及び関係者が自然と集まる「サロン」のような場となっており、そこで様々な情報交換が行われている。そのなかで時として思わぬ情報を得ることや新たなアイデアが生まれることもあり、組合員や組合関係者の事業に役立つことが多い。組合の存在は、こうした人的交流を豊かにすることにも貢献しており、様々な効果を生んでいる（取材日：2017年5月11日）。

（図表Ⅱ－37）「ちょうようせっけん」の特徴

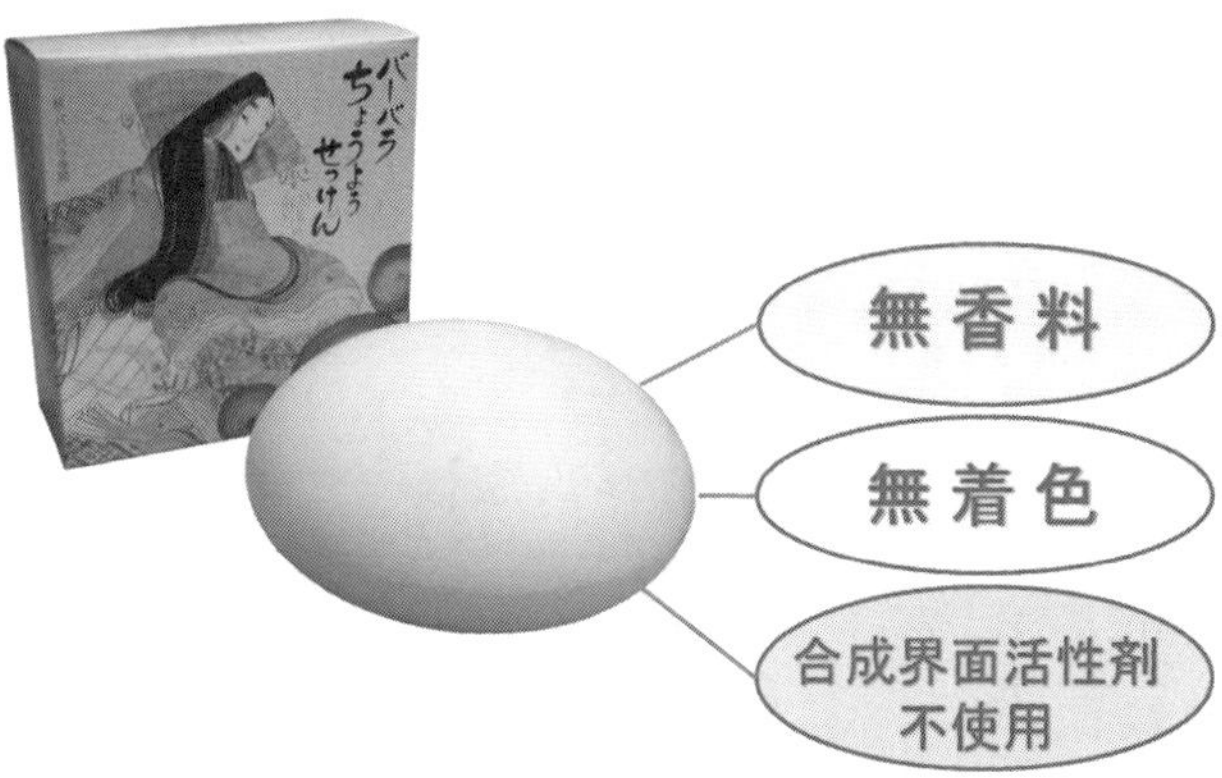

（出所）「いいもの交流館」Webサイト

事例F　アローハーネス協業組合（支援機関：岡山県中小企業団体中央会）

設　立	２００７年　出資金　17百万円　所在地　岡山県倉敷市　従業員数　44名
主な事業	自動車用組立電線加工（ワイヤーハーネスの組み立て）
運営方針	事業の統合・協業化により生き残りを図る
特記事項	組合は矢崎部品株式会社の下請け協力工場の一つで、機械等生産設備は同社から貸与を受けている

1．協業化の背景

組合設立以前の倉敷地区では、25の小規模事業者が、矢崎部品株式会社（以下「親事業者」という）の下請け先として同社が前工程で加工した材料の支給を受けて、自動車用ワイヤーハーネスを組み立てていた（後工程）。その主な労働力は工場周辺の主婦で、各事業者は積極的に内職を活用してコスト削減に努めてきた。こうしたなか２００２年に三菱自動車のリコール隠し問題が発覚し、親事業者からの受注が大幅に減少していった。さらに２００６年には、親事業者から前工程・後工程を含めた一貫製造を行うように変更することを迫られ、その際には内職を排して一つの工場の中で作業管理を行うよう求められた。その要望に応えるためには、現在の工場の2～3倍の大きさに匹敵する縦30メートル横50メートル程度の規模の工場が必要となり、小規模事業者は単独で生き残ることが難しい状況に追い込まれた。

そこで組合設立のメンバーとなる５事業者（株式会社２、個人事業者３）は、生き残りを図るために各事業者の生産を１箇所に集約化・統合し、効率的な生産体制を整える狙いから高度化事業制度の「施設集約化事業」を活用しようと考えた。「施設集約化事業」とは、個々の企業では解決が難しい課題や問題を抱えている中小企業者が、共同で組合や会社を設立し、共同工場、共同店舗、共同事業場などを整備して施設を集約化し、経営の合理化を図る事業である。[注25]しかし５者にとって高度化事業は初めての試みであり、知識もノウハウもないことから２００６年６月に岡山県中央会に相談し、ここから本格的な協業化に向けた取り組みがはじまることになった。

２．中央会のサポート（協業化に向けた取り組み）

５者ともに今のままでは事業の好転は見込めないことは明らかであった。中央会は事業意欲を持っている地域の中小企業者が倒産することを回避するために全面的に協業化支援に乗り出した。しかしながら、計画の提出期限が２カ月先に迫るなか、５者の事務局体制は整っておらず、中央会内部にも高度化事業の経験のある人材はほとんどいなかった。まさに手探りの状態からのスタートであった（**図表Ⅱ-38**）。

まず中央会は、他県の事例を参考にして計画概要を作成し県に提出し、中小機構にも来訪を仰ぎ、「相談助言」を受けた。[注26]その際に「取引先との確実な受注の確保」のエビデンスとして売上高のベースとなる根拠などが求められた。これに関しては親事業者の協力が欠かせず、中央会が調整役となり親事業者の新見工場の発注担当者の協力を得て計画書づくりに着手することになったが、同工場の生産計画は3年分しかなく、高度化事業が要求する10年間の数字が出てこなかった。そこで中

(図表Ⅱ－38) 施設集約化事業の取り組み

年	月	主な動き
2006	9	岡山県に事業計画書提出
	10	相談助言
	12	親事業者から計画の白紙撤回を迫られる
2007	1	事前助言
	1	取得予定の中古物件に未登記物件があることが判明
	2	計画・建設診断
	3	組合設立
	4	事業認定・着工承認
	5	建築許可
	9	工事完了
	10	一部操業開始
2008	2	高度化資金貸付決定
	4	高度化資金借入
	8	本格操業開始

(出所) 組合宛てインタビューに基づき筆者作成

央会は、自らが高度化融資を受けるかのごとく同社の本社担当者と交渉を行ったが、同社から突然施設集約化計画の白紙撤回を迫られることとなった。その後中央会は何度も同社に足を運び「組合が高度化事業を利用し、金利面等で有利な資金調達を行うことができれば、生産コストが下がり、親事業者の競争力の強化にもつながる。つまり双方ともにメリットが大きい」と、同社に計画への理解を求め、ようやく計画続行にGOサインが出た。その後も粘り強い交渉を重ねて、同社より「品質が当社基準に適合する限り発注する」との覚書を徴求することで決着した。

その後、取得予定の工場に瑕疵があることが判明し、建物の一部取り壊しと新築が必要となる事態に陥った。計画は大幅な変更を余儀なくされて難渋したが、中央会が売り主、不動産業者、建設業者、設計業者との折衝を一手に引き受けて解決した。

さらに、中央会では如何ともしがたい「金」の問題、自己資本増額や運転資金確保の問題が浮上する。中央会は、組合理事長とともに何度も金融機関に足を運び、高度化事業の内容を説明し、協力を求めるなどの支援を続けた。

こうして幾多の試練を乗り越えて２００７年４月に事業認定に至り、５月に工場建築許可が下り、９月に工事が完了した。そして翌年の2月に高度化資金の借入が決定し、10月に本格的に操業開始となった。本件高度化資金借入の概要は**図表Ⅱ-39**の通りであり、無利息で期間は20年と長期である等有利な条件となっている。また、税制上の特別措置を受けられるなどのメリットも大きく、その後の組合事業を支えている。

3．事業活動の推移と今後の課題

２００７年度に本賞を受賞したレポートは、同年の９月の工事完了までの取り組みについて記述している。その後組合は、中央会への感謝の気持ちを忘れることなく地道に事業に取り組んでいる。新工場の稼働により内職に依存したブラックボックスを抱える生産体制から脱却し、工場内での一貫生産体制を確立している。そして作業管理を強化し、従業員教育に力を入れるなど生産性の向上に取り組み、事業は徐々に軌道に乗っていった。２０１６年４月に発覚した三菱自動車による燃費不正問題の影響により一時的に受注がストップした際にも親事業者の支援を得て乗り越え、今年度からは向こう５年間の長期受注を確保できる見込みである。このように組合は親事業者の協力工場

（図表Ⅱ－39）施設集約化事業の概要

対象設備の内容と事業費	対象設備	総事業費（億円）
	土地	1.1
	建物	2.2
	計	3.3
償還期限	20年	
据置期間	3年	
融資比率	必要額の80%	
金利	無利息	

（出所）組合宛てインタビューに基づき筆者作成

として無視できない存在となっている。高度化事業関連の借入金についても順調に返済が進んでおり、組合の将来を託す後継者も育ってきている。

組合理事長は、組合の課題として従業員の大半を占める女性のモチベーションアップを第一に上げており、女性マネージャーの育成に力を入れている。また、従業員の働きやすい職場を目指しており、将来的には社内託児所を設置することを検討している。

４．その他

既述の通り１９７０～80年代には積極的に活用されていた高度化事業制度も以降は取組件数が減少し、２０００年以降は急減している。こうしたなか本件は、中央会の手厚い支援が小規模事業者による施設集約化事業（事業統合形態）を成功に導いた貴重な事例と言っていいであろう（取材日：２０１７年６月５日）。

【注】

(1) 商工総合研究所『商工金融』１９９７年3月号　p.83～84

(2) 商工総合研究所『商工金融』１９９８年3月号　p.97

(3) 例えばレポートの筆者が組合の役職員の場合、応募主体は組合とした。また、支援機関の役職員が異業種連携組織の事務局を担当している場合、応募主体は当該連携組織とした

(4) 例えば同じ事業協同組合であっても商店街、団地組合、異業種連携を主目的とする組合はその機能や特性はそれぞれ異なる

(5) 当財団『商工金融』では、3月号で当該年度の受賞作品の概要や論評を掲載している

(6) 技能実習制度スタートの時点では、研修1年＋技能実習1年の合計2年が最長であったが、１９９８年に技能実習期間が1年延長された

(7) 国際研修協力機構（ＪＩＴＣＯ）の業務統計によれば、２０００年の入国支援技能実習生の約72％を「団体監理型」が占めた。直近の２０１６年の実績では約94％となっている。なお、２０１６年11月に「外国人の技能実習の適正な実施及び技能実習生の保護に関する法律（技能実習法）」が公布され（２０１７年11月施行）、監理団体の許可制や技能実習計画の認定制等が新たに導入される一方、優良な監理団体・実習実施者に対しては、実習期間の延長や受け入れ人数枠の拡大などの制度の拡充が図られることとなった

(8) 当時は標準店舗面積（18坪）当たり数億円で取引されていた

(9) 募集要項では、「中小企業組織活動と私」、「組合活性化に向けての活動事例・提言」、「企業組合による創業事例」、「組合の新事業展開」、「環境問題と組合」、などのテーマを例示した

(10) 事業主等の行う職業訓練のうち、教科、訓練期間、設備等について厚生労働省令で定める基準に適合して行われているものは、申請により訓練基準に適合している旨の都道府県知事の認定を受けることができる。この認定を受けた職業訓練を認定職業訓練という

(11) 働く者同士が共同で出資して、それぞれが事業主として対等に働く労働者による協同組合

(12)　内閣府（２０１７）『平成28年版高齢社会白書』によれば、島根県の高齢化率は31・8％と全国第3位

(13)　ＴＭＯは、Town Management Organizationの略で、中心市街地における商業まちづくりを運営・管理する機関をいう。なおＴＭＯになることが出来るのは、商工会議所、商工会、第三セクター機関等とされている

(14)　授産施設は、身体上若しくは精神上の理由又は世帯の事情により就業能力の限られている要保護者に対して、就労又は技能の修得のために必要な機会及び便宜を与えて、その自立を助長することを目的とする施設とする（生活保護法第38条）

(15)　Ｂ１グランプリの正式名称は「ご当地グルメでまちおこしの祭典！Ｂ－１グランプリ」で、「ご当地グルメでまちおこし団体連絡協議会」と、開催地の実行委員会が主催している

(16)　総じて連棟式の建物については築年数が古く老朽化が進んでいるが、利害関係の調整が難しい等様々な問題があり建て替えが困難な状況にある

(17)　同団地は準工業地域に立地していることから、特段の制約のない限り危険性・環境悪化が大きい工場を除きほとんどの建物が建築可能となった

(18)　都市計画区域または準都市計画区域において、土地所有者やまちづくりＮＰＯ、都市再生機構等が、一定規模以上の一団の土地について、土地所有者の3分の2以上の同意等一定の条件を満たした場合に、都市計画の決定や変更の提案をすることができる制度。２００２年における都市計画法の改正及び都市再生特別処置法の制定で創設された

(19)　組合外の3区画は「複合業務地区」として、容積率２００％のまま従来通りの準工業地域として土地を利用できる。また、容積率３００％を選択すれば住宅他の建物の制限を受ける

(20)　コア・コンピタンスとは組織の競争力を支える他には真似のできない技術やノウハウあるいはその融合体などの中核となる強み

(21)　２００２年度、２０１６年度本賞受賞主体である協同組合広島総合卸センターも商工センター内に立地し

ている

(22) 環境施設とは、緑地及び緑地以外の環境施設で、緑地以外の環境施設とは屋外運動場、広場、屋内運動施設、教養文化施設、雨水浸透施設、太陽光発電施設等周辺の地域の生活環境の保持に寄与するように管理がなされるものである

(23) 工場団地の約1／4は空き工場等の遊休物件を抱えており、その解消が大きな課題となっている（図表Ⅰ-10参照）。こうしたなか既存組合員による空き工場の買取は有力な解決策のひとつとなっている

(24) 条例では、緑地の面積に参入できる屋上等緑化施設などの重複緑地等の割合についても緩和された。なお本条例による緩和の対象地域は商工センター内にとどまらず、他の準工業地域の一部及びすべての工業専用地域・工業地域とされている

(25) 「施設集約化事業」は「共同化形態」と「事業統合形態」に分類され、当組合の場合は後者の形態となる

(26) 高度化事業制度を利用する際には事前に事業計画について専門的な立場から診断助言を受ける必要があり、事業構想固めから計画づくりまでの段階で「相談助言」を受ける。そして「事前助言」、「計画・建設診断」を経て事業実施（貸付）に至る。なお、実施後についても「運営診断」を受けることができる

【参考文献】

○経済産業省「工場立地法の概要」

○ゲイリー・ハメル&C.K.プラハラード（一條和生＝訳）（2001）『コア・コンピタンス経営』日経ビジネス人文庫

○商工総合研究所『商工金融』１９９７年～２０１７年各年３月号
○内閣府（２０１７）『平成28年版高齢社会白書』
○中小企業基盤整備機構（２０１７）『高度化事業制度利用ハンドブック』平成29年7月版
○中小企業庁（２０１６）『平成27年度商店街実態調査報告書』
○広島市（２０１７）「工場立地法に基づく緑地面積率等の緩和について」

【参考ＵＲＬ】

○経済産業省（http://www.meti.go.jp/policy/local_economy/koujourittihou/）2017.07.18閲覧
○厚生労働省（http://www.mhlw.go.jp/bunya/nouryoku/nintei/）2017.07.20閲覧
○国際研修協力機構（ＪＩＴＣＯ）（http://www.jitco.or.jp/system/seido_enkakuhaikei.html）2017.07.20閲覧
○内閣府（http://www8.cao.go.jp/kourei/whitepaper/w-2016/html/zenbun/s1_1_2.html）2017.07.21閲覧
○広島市（http://www.city.hiroshima.lg.jp/）2017.07.18閲覧
○Ｂ１グランプリ（http://b-1grandprix.com/）2017.07.19閲覧

第3章 連携・組織活動の意義と新たな可能性

❶ 連携・組織活動の意義

中小企業組織活動懸賞レポートの20年の歩みを振り返ってみると、様々な困難に直面しながらも、それを乗り越え強くなった中小企業、強くなろうとしている中小企業の姿が浮かび上がってくる。その活動内容（テーマ）、推進力、支援機関の果たす役割について評価すると以下の通りである。

活動内容についてみると、商店街などによる地域活性化、新商品開発、環境・リサイクル対応、地域資源活用、ＩＴ活用、人材育成など多岐に亘っている。これらは、資金、人的資源、技術・ノウハウ、情報等の経営資源の制約がネックとなり、中小企業単独では成し得なかった事業や、異業種・異分野の中小企業が共同で取り組むことで高いシナジー効果が得られる事業などであり、あらためて連携・組織化の効果が大きいことが確認できる。そしてかつての同業種、同業態による「規模の経済性」の追求を専らとしていた狭い「組織化」のイメージは、様変わりしている。活動の推進力となっているのは、トップのリーダーシップや現場担当者の熱意である。組織をつくり、共同で事業を展開し、成果を上げるためには、メンバーの力を集結し、その力を同じ方向に導く求心力と指導力、ＰＤＣＡサイクルを適切に管理・運用していくマネジメント力が必要不可欠となってくる。特に、中小企業のニーズが多様化するなか、連携組織のメンバーに共通する目標を見出すことが難しくなってきており、キーマンの果たす役割は今後ますます重要になってくると思われる。

また、連携・組織活動を支える陰の立役者として支援機関の存在を忘れてはならないであろう。連携・組織活動の立ち上げや運営に当たっては、メンバーだけで得られる情報は限られている。また、法務、会計、税務、共同事業のマネジメント等の組織運営面に関する悩みは尽きないものと思われる。こうしたなか、良き相談相手となりタイムリーに適切な助言を行い、時には関係機関との仲介役を買って出るなど多面的かつ継続的なサポートを行う支援機関の果たす役割は大きい。レポートのなかでもこうした支援機関が伴走者となることで、円滑に事業展開を図ることができた事例が散見される。

このようにレポートからは、連携・組織活動は、中小企業が強くなるための有力な経営戦略の一つであることが読み取れる。そしてその活動内容については自由度が大きく、柔軟な対応が可能である。

❷ 連携・組織活動の新たな可能性

前述の通り中小企業のニーズが多様化するなか、連携・組織化の目的は多様化してきている。そしてその目的を達成するための連携組織の類型についても中小企業組合以外に新たにＮＰＯ法人、ＬＬＣ、一般社団法人、ＬＬＰ等様々な枠組みが整備された。加えて、新連携事業等中小企業の有機的な連携を促す制度も創設されたことから、柔軟な対応が可能となっている。

今後の連携・組織活動については様々な可能性が広がっているが、ここでは一つの例として地域機能の維持・継続を図るための中小企業の連携・組織活動について、事例を交えながら考えてみたい[注1]。

(1) 地域機能維持・継続に向けた考え方

２０１６年4月に熊本県で発生した大規模地震、２０１７年7月の福岡県、大分県を中心とした九州北部地域を直撃した記録的な豪雨は、わが国が常に自然災害の脅威に晒されているという現実をあらためて我々に突き付けた。ＢＣＰ（Business Continuity Plan：事業継続計画）の策定や、ＢＣＰを含めた継続的な運用や管理の仕組みであるＢＣＭ（Business Continuity Management：事業継続マネジメント）構築の重要性を再認識した中小企業は少なくないのではないだろうか。しかしながら、多くの中小企業は地域社会と共存・共栄の関係にあることから、個社単独でＢＣＭへの取り組みを強化しても、大規模災害等により地域のハード面やソフト面の機能が麻痺してしまえば事業を継続していくことは難しくなる。中小企業が自らの事業を維持・継続していくためには、地域社会の機能の維持・継続が重要なテーマとなってくる。

　ＢＣＰの概念を援用して、災害に備えて地域機能を維持・継続していくための計画をＤＣＰ（District Continuity Plan：地域継続計画）と呼称することが提唱されている。ＤＣＰやその運用や管理の仕組みであるＤＣＭ（District Continuity Management）の概念やその特徴、地域機能の維持・継続活動に取り組む際の基本的な考え方については以下の通りである。

　ＤＣＰについては現状統一された定義はないが、一般的には「自助」、「共助」、「公助」[注2]を融合した、地域継続を目指した「協助」の考え方に基づいて、災害時に目標とする時間内に目標とするレベルにまで地域機能の継続を確保するための計画とされており、地域防災の新展開としてＤＣＰに関する関心が高まっている。[注3]香川大学危機管理先端教育センターでは、ＤＣＰを実効ならしめるための地域継続マネジメントをＤＣＭと称している。

　また、まちづくりの観点からみれば、ＤＣＰはＢＣＰの特徴と防災計画の特徴をあわせもち、対象を地区機能、地区滞在に拡張し、安全なまちづくりを目指した取り組みであると考えられている（**図表Ⅲ-1**）。また、ＤＣＰの範囲・対象はＢＣＰと異なり、企業のみならず、企業が属する地域・地区と滞在者に対し、その機能継続と防災上の安全を確保することが特徴であると言

われている。[注4]

なお、日本経済団体連合会は、企業・産業界に求められる取り組みとしてＤＣＰについて言及しており、[注5]〝企業は、地域社会を構成する一員であることをあらためて認識し、災害発生時においても、地域社会への貢献を念頭に置いた取組みを行う必要がある。（中略）そのような取組みを一層強化すべく、平時より行政組織や地域住民等との対話を通じて、地域の強靭性向上に向けたＤＣＰ策定など、地域全体での取組みに貢献すべきである。〟と提言している。

(2) 地域機能継続活動における中小企業の役割

現在までのところ中小企業組織活動懸賞レポートの本賞等受賞作品のなかには、ＢＣＰを主要テーマとしたものはない。[注6] しかしながら、わが国は常に自然災害の脅威に晒されており、中小企業においてもＢＣＰの策定や、ＢＣＭの必要性が認識されている。ただ、多くの中小企業は、地域に密着した存在であることから、自らが単独で構築したＢＣＭによりリスク対応力の強化を図ろう

(図表Ⅲ－１) ＤＣＰの概念とＢＣＰ、地域防災活動との関連

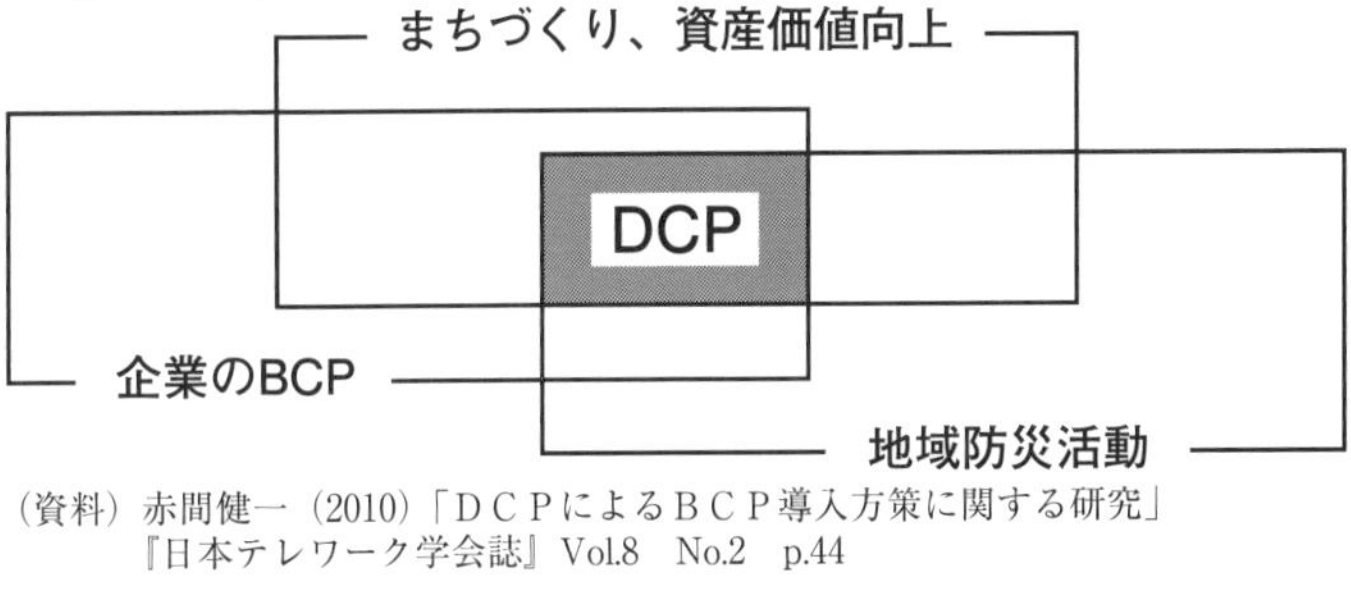

（資料）赤間健一（2010）「ＤＣＰによるＢＣＰ導入方策に関する研究」『日本テレワーク学会誌』Vol.8　No.2　p.44

としても、大規模災害等により地域の交通網やライフラインが寸断されてしまえば事業の継続はままならないであろう。また、ハード面のダメージは大きくない場合であっても、学校、病院、自治会等の地域社会を構成する主要な組織の機能（ソフト面）が麻痺してしまえば従業員の生活基盤が侵され、事業継続に支障が生じる。このように中小企業が自らの事業を維持していくためには、地域機能を守ることを念頭に置いた対応を行う必要がある。一方では、中小企業についても地域社会の一員として、災害などから地域を守り、地域機能を維持・継続できるよう社会的責任（Corporate Social Responsibility：ＣＳＲ）を果たすことが求められている。

しかしながら、中小企業は資本力やマンパワーなどの経営資源に限りがあることから、地域の重要業務や機能の復旧レベルとその復旧時間にまで踏み込んだ、所謂ＤＣＭの中心的なメンバーとなり、量的な面から地域の復興をリードしていくことは現実的には難しい。中小企業は、大企業にはない多様性、地域密着性、機動性、柔軟性などの質的な面での特性を強みとして発揮することで、地域機能継続活動に貢献することを考えるべきではないだろうか。

具体的に「自助」の面をみると、中小企業は、まず地域の雇用や経済を支える企業としての自覚を持ち、事業継続リスクへの対応力を強化することが求められる（図表Ⅲ‐2）。また、「共助」の面では、地縁的なつながりや同業者などとの多様なネットワークを活用することで「連携」のキーマンとなることが期待されている。そして、「自助」、「共助」に取り組む際には「公助」とのバランスを考慮した柔軟できめ細やかな対応ができればなお望ましいであろう。

「連携」による「共助」の強化は、自らの事業継続力を補強する。そしてそれは、地域機能の維持・継続にも寄与する。このように「連携」は中小企業にとっても地域にとってもリスクマネジメントを考える際の重要なキーワードとなってくる。

（図表Ⅲ－2）中小企業に求められる役割

	具体的な対応	備 考
自 助	防災活動、BCM構築	地域社会への配慮と連携 共助、公助とのバランスを考慮
共 助	地域内の企業や住民、民間団体との連携 地域外企業との連携	地域社会への配慮と連携 自助、公助とのバランスを考慮

（注）筆者作成

（３）インタビュー事例

事例Ｇ　株式会社井上組　～同業者間連携により地域の災害対応力強化を図る～

設　立	１９５２年	資本金	20百万円
所在地	徳島県美馬郡つるぎ町（徳島市中心部より約50㎞の県西部の山間部に位置する）		
従業員数	64名	業　種	一般土木工事、ボーリング工事業
特記事項	社是は「誠実と信頼・社員の幸福・たゆみなき前進」		

1．地域防災連携に至った経緯

当社は、ボーリング工事、アンカー工事、河川工事、道路工事等の公共土木工事を主要業務としており、特に地滑り対策工事の技術力は高く評価されている。創業以来90年にわたり徳島県西部地区を中心に地元の公共インフラの整備に取り組んでいることもあり、ＢＣＭへの関心は高く、すでに国土交通省四国地方整備局より「災害時の事業継続力認定」制度に適合した建設会社に認定されており、継続的に自社のＢＣＭに取り組んでいる。[注7] こうしたなか、２０１４年12月に県西部地区で想定外の大雪災害が発生し、積雪及び倒木などにより主要幹線道路が通行不能となりライフラインが寸断された。当社は、地元の土木工事業者として自衛隊の災害派遣隊と連携し、連日連夜除雪や道路の啓開、倒木の撤去等の作業に全社を挙げて取り組んだが、復旧には10日間を要した。この経験から当社は、経営規模の小さい個別の建設業者だけの力では不測の事態の対応に限界があることを痛感した。

その後県北部を営業基盤とする同業者の株式会社福井組（本社所在地：鳴門市）との何気ない会話から上記の雪害に話題が及んだ際に、徳島市、鳴門市周辺ではほとんど積雪の影響はなかったことや、同社では県西山間部の大変な状況を把握していなかったという話を聞き、同じ県内でも地理的条件・気象条件はかなり異なることや当地の詳細な情報が同社に伝わっていなかったことを知った。そして同社から、「窮状を知っていれば応援に駆け付けた」という発言があった。こうした会話が発端となりその後意見交換を進めるなかで、両社は地域の災害対応力の強化を図っていくためには、地域特性の異なる業者と相互支援のための連携を進めていくことが重要になってくるという共通認識を得るに至り、2社によるBC（事業継続）連携がスタートした。

2．取り組み状況

非常時に迅速かつ適切な支援を行うためには、まずお互いのことを知る必要がある。そのためには連携先の現場に足を運び、地域特性、作業環境などを確認し、仕事内容を理解する必要があると考え、手始めとして工事見学会（合同現場パトロール）を実施することとした。そして、その際には各社の女性社員も参加し、職場環境・衛生面のチェック等を行うこととした。

こうした取り組みは、女性が安心して働ける職場の創生につながるとともに、女性職員のモチベーションを高めるという効果も期待できることから、当社では、従来から「女性の眼」で現場をチェックすることで、作業環境の改善に取り組んでいる。

初回の工事見学会である「なでしこパトロール」(注8)は２０１５年２月に実施された。これが現在のＢＣ連携活動の出発点となった。主な成果としては、①活発な意見交換による技術の向上、②ブログを活用した情報交換の計画、③「地域内ＢＣ連携」の必要性の理解、④取組課題の抽出、が挙げられる。なお、抽出された主な課題は、㈠平常時における定期的な交流、㈡連携企業間の緊急時連絡体制の確立、㈢備蓄食料・燃料の共有手段の確立、㈣合同訓練の実施、㈤移動手段の確立（支援経路の検討）、などである。ちなみにこうした地元の建設業者同士の自主的な取り組みは、過去に例がない先駆的な試みであったことから、国土交通省（四国地方整備局徳島河川国道事務所）や徳島県、徳島大学など官・学の注目を集めた。

さらに同年６月には新たに県南の株式会社大竹組（本社所在地：海部郡牟岐町）が参加して３社によるＢＣ連携となった。以降３社を中心とするＢＣ連携を「なでしこＢＣ連携」と称している。参考までに３社の特徴・地域特性は以下の通りであり、同一県内に位置するが、地理的条件、各社の想定されるリスクはそれぞれ異なっており、連携による互換性は大きい（図表Ⅲ‐３）。

そして同年９月には３社による情報伝達および災害支援合同訓練が実施された。(注9)当該訓練は、徳島大学環境防災研究センターの指導を受けて作成した計画に基づき、徳島河川国道事務所も参画するなど産学官連携による取り組みとなり、南海トラフ巨大地震が発生したことを想定して訓練が行われた。内容は、①連絡訓練（情報共有）、②応援要請・緊急応援訓練、③炊き出し訓練、④なでしこパトロール、⑤反省会、で構成されており、実際に災害対策本部を設置し、安否確認、被災状況確認、連絡調整、応援要請を行い、支援先は応援要請に基づき提供可能な資源を確定し、車両に積載し、道路状況を確認し現場に向かった。また、限られた状況のなかで炊き出し訓練も実施した。そして反省会では、訓練を実施したうえで気が付いた課題や改善すべき点を抽出し、意見交換を行い改善策について検討が行われた。なお、当社は、この反省会を重視しており、訓練に参加した全員が、できた点、できなかった点、反省点、感想・意見などを述べることとし、次回以

（図表Ⅲ－3）連携企業の特徴・地域特性

	当社	㈱福井組	㈱大竹組
所在地	西部（山間部）	北部（都市部）	南部（沿岸部）
業務内容	一般土木、ボーリング	一般土木、上下水道、建築工事	一般土木、港湾工事
想定される災害リスク	土砂災害、雪害、吉野川無堤防地区の洪水	地震、津波の影響はあるが壊滅的なダメージはないと想定される	地震、津波の影響甚大
備考	津波の影響は全くない	雪害の被害は少ないと想定される	雪害の被害は少ないと想定される

（注）当社宛てインタビューに基づき筆者作成

降の改善につなげている。

また、翌10月には岡山県の「お互い様ＢＣ連携ネットワーク建設業グループ」[注10]代表の株式会社奥野組（本社所在地：岡山市北区）と「なでしこＢＣ連携グループ」代表の当社が、災害時相互支援に係る包括的連携契約を締結し、12月に同社の現場で工事見学会が実施された。その際には、新たに徳島県内の株式会社亀井組（本社所在地：鳴門市）が参加した。そして年が明けた２０１６年1月の工事見学会では、徳島県県土整備部が新たに参加した。2月には災害支援物資輸送及び支援物資配布訓練が実施され、実際に災害物資の海上輸送を行い、目的地（神奈川県：東急たまプラーザ）において炊き出し訓練を行った。

その後の動きについてみると、２０１６年6月に実施された合同訓練では新たに同業者４社及び支援協定業者1社が参加し、株式会社奥野組を含めると連携先は10社に達した。[注11]また、官・学との連携についてみると、これまでの連携先である徳島大学環境防災研究センター、国土交通省（四国地方整備局徳島河川国道事務所）、徳島県県土整備部に加えて、新たに厚生労働省（徳島労働局三好労働基準監督署）が合同訓練に参加した。次いで11月には新たに和歌山県の丸山組株式会社が参加するなど、「なでしこＢＣ連携」活動の実績は現在までに10回を数えた。このように当初中小企業者2社が自主的に始めたＢＣ連携は、想定を上回る大きな広がりをみせている（**図表Ⅲ-４**）。

3．今後の見通し

当社は、こうしたBC連携活動・訓練を通じて現場や訓練参加者の相互理解を深めていくとともに、建設業者が取り組むべき課題についての研鑽を図っていく必要もあると考えている。具体的には、官・学の協力を得て、①ＢＣＰ部会、②安全・環境部会、③技術部会、④女性部会などの分科会を設けて、訓練参加者のスキルアップに取り組んでいる。その結果、自然発生的に連携先の女性職員による人的ネットワークが形成・強化され、２０１７年5月には、自主的な勉強会「なでしこランチ」が開催されるなど、コミュニケーションが活発化してきている。ちなみ

（図表Ⅲ－4）連携企業の所在地

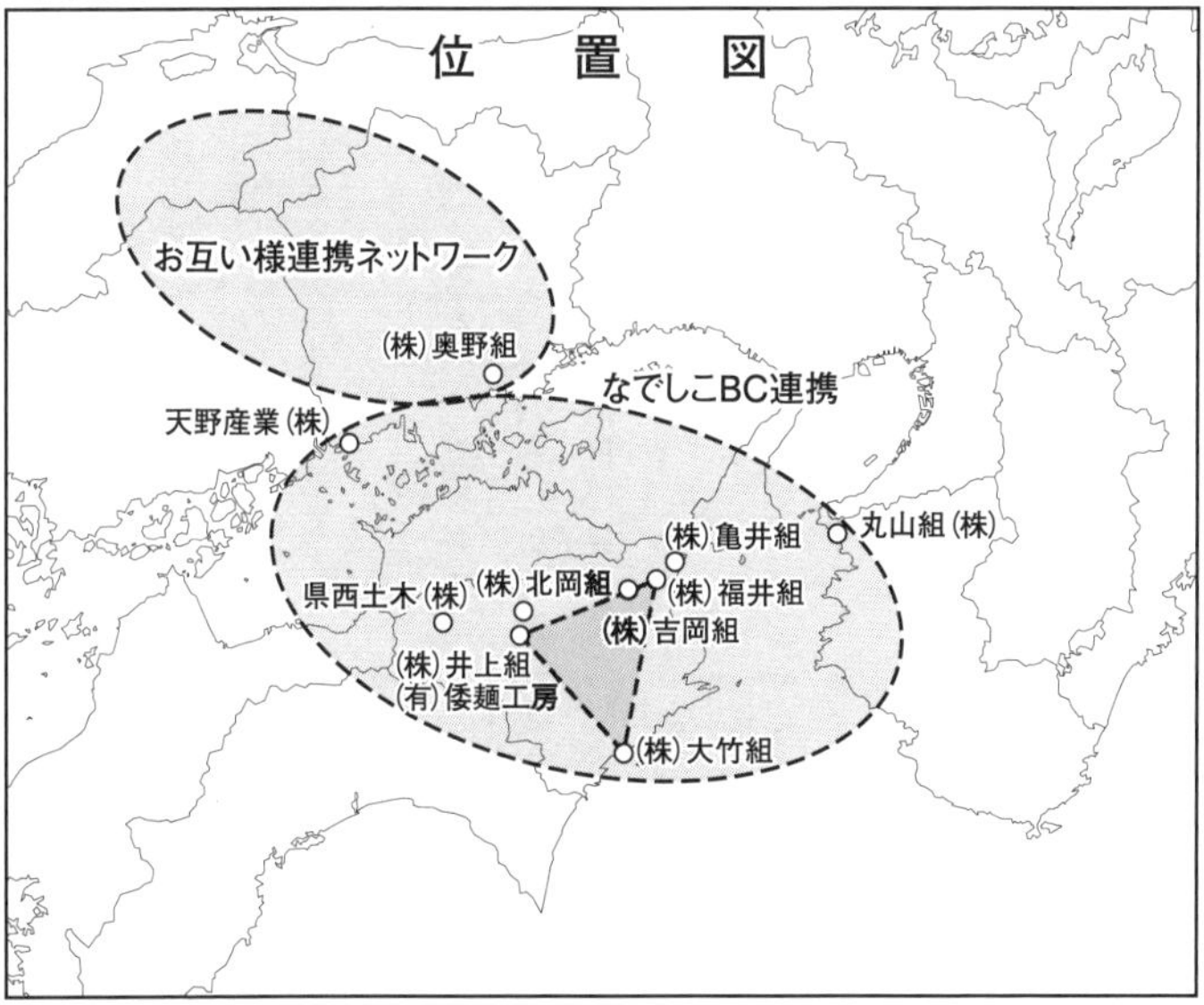

（出所）当社資料

に同会合では、従来までの「なでしこパトロール」の一歩先を見据えた活動を推進していくために、①災害時の女性職員もしくは女性技術者ならではの関わり方、②女性が災害現場で働くことの問題点と課題、③ＢＣＰ推進に対する女性の視点、などの課題について活発な意見交換がなされた。そして翌月の第10回目の連携訓練の際に、急遽「なでしこミーティング」が開催され、今後については、ＣＥＡＲＴ訓練[注12]、机上訓練[注13]を実施することや、２カ月ごとに「なでしこランチ」を開催することが決まった。このように「なでしこＢＣ連携」活動は、地域の防災力の強化のみならず、連携先企業の女性活躍を推進するという効果ももたらしている。

なお、徳島県を震源地としてＢＣ連携が拡がってきている背景には、南海トラフ巨大地震の発生確率が年々高まるなか、県や徳島大学が従来から積極的にＢＣＰ、ＢＣＭの普及に取り組んできたことや、その結果県内企業の防災への関心が高いということがあると思われる[注14]（取材日：２０１７年７月12日）。

事例H　河内長野ガス株式会社　～産官民によるバランスのとれた地域内防災連携～

設　立　1961年　資本金　30百万円
所在地　大阪府河内長野市（市中心部まで電車で約30分のベッドタウン）
従業員数　59名　業　種　都市ガスの供給、ガス工事の請負、ガス機器の販売等
特記事項　地域との共存共栄を実現すべく共通価値創造を目指し、環境貢献、コンプライアンスの取り組みを強化している

1．地域防災連携に至った経緯

当社は河内長野市を営業基盤とする都市ガス事業者である。2017年4月の都市ガスの小売全面自由化に伴い、当社の地域内のガス小売の独占は撤廃されたが、事業は地域住民に支えられている。当社は今後の事業維持・発展のためには現在の供給エリアである地域との共存共栄が大きなテーマとなってくると考えている。こうした考えのもと、当社は地域で最も信頼され、支持される企業となることを目指しており、地域のメンバーの一員として地域社会に貢献できるような防災支援のあり方について社内で検討を進めてきた。

ここで河内長野市の災害リスクについてみると、上町断層や中央構造線が動いた場合には、最大震度6強という揺れに見舞われ、阪神・淡路大震災並みの甚大な被害が想定される状況にある。こうしたリスクを軽減するための防災・減災力という観点から当市の特徴をみると、平

常時の市民活動は活発であるものの、検討当時の自主防災組織率[注15]は42%と全国平均の76%を大幅に下回っていたことから、地域としての「自助」、「共助」に向けた取り組みは十分とは言えない状況にあった。

こうしたなか２０１１年３月に東日本大震災が発生し、当社の災害時の地域支援に対する思いは一段と強くなった。そして当社は、河内長野市、地域防災計画の専門家、まちづくり団体などに働きかけて、産官民協働で地域防災についての勉強会（「河内長野・産官民連携による地域防災連携推進に向けた勉強会」）を開催することとした[注16]。

2. 取り組み状況

勉強会においては、市の状況を踏まえ、産官民連携による地域内の助け合いの大切さに加えて、ボランティアやＮＰＯ・ＮＧＯ等地域内外の被災者支援の専門組織の受け入れ体制構築の重要性が指摘された。その理由は、東日本大震災では、こうした専門組織の活動が大きな役割を果たしたが、これらの団体が効果的に活動するためには地域側の受け入れ体制の整備が求められるからである。そして、①市民活動をどのようにして地域の防災力の強化に結び付けるか、②地域外のボランティアや被災者支援専門組織の受入体制をいかに整えるか、③当社としてはライフライン事業者として本業のガスの早期復旧と地域貢献をいかに両立させるか、などについて活発な議論がなされた。その結果、地域における防災まちづくりとして、「『地域力』」を活かす先導的な災害支援拠点づくり」というコンセプトが形成された。そして２０１２年５月に当社と河内長野市は、当社が建設を計画している新社屋の積極的な活用を織り込んだ「災害時等における支援協力に関する協定書」を締結した。

　当社は上記③のコンセプトに基づき、地域のライフラインを支える都市ガス事業者として自社のＢＣＭ（「自助」）に積極的に取り組むとともに、地域防災面では「自助」及び「公助」とのバランスを意識した「共助」の取り組みに力を入れているが、以下では地域防災面の取り組みについて説明を行うこととする。

　２０１４年５月に完成した当社の新社屋は、前述の通り設計の段階から産官民の地域関係者との勉強会で議論された意見を踏まえて地域との連携に最大限配慮して建設されたもので、地域防災支援施設として様々な機能を備えている。主な設備についてみると、１階に被災者支援のための通信基地となるセミナー室を設置しており、インターネット環境、災害時臨時電話設備、停電対策電話などが整備されている。また、１階周辺には災害時に必要となってくる受水槽、井戸水、かまどベンチなどの設備が備え付けられており、マンホールトイレなどの資材等も保管されている。そして災害時には、隣接するショールームや料理講習室を開放し、１階全体を被災者支援団体の受入拠点とすることで、地域内にとどまらず外部からもＮＰＯ等の被災者支援の専門組織を誘致し、その活動を支えることが可能となる。[注17] このように当社社屋（の１階）は避難所としてではなく、被災者支援活動拠点に特化したエリアとして設計されており[注18]、当地に隣接する市の指定避難所（市民交流センター）のバックヤードと位置付けられている。こうした取り組みをみると、「共助」と「公助」のバランスを十分に考慮していることが窺える。

ちなみにセミナー室は、平常時には地域力醸成のための交流拠点として市民団体の活動の場として提供されており、地域の市民団体のネットワークづくりや防災講習会などに利用されており、地域住民の「自助」、「共助」意識の醸成に寄与している。こうした取り組みが市民活動を活性化し、災害時の防災力強化に結び付くものとみられる。

ところで当社は災害時には地域住民のライフラインを確保するためにガスの復旧を急ぐ責務があり、「自助」と「共助」とのバランスを確保することが大きな課題となるが、新社屋は構造上本業の復旧業務と地域の復旧業務のエリアをゾーニングしており、それぞれの活動の動線が交錯することを回避し、各々が独立した行動をとれるように設計段階で工夫がなされている。具体的には、建物の敷地の高低差を活かして、道路の前面となる１階部分は災害時地域開放エリアとし、後背地及び２階以上は本業の復旧ゾーンとして明確に分けられている（**図表Ⅲ‐５**）。

なお、当社は本業においては、環境貢献に加えて、エネルギー使用の効率化・削減を図るためにエネルギーマネジメントシステムの整備に力を入れており、２０１４年２月に都市ガス事業者として初めて国際規格であるＩＳＯ５０００１を取得した。そして新社屋は、太陽光発電、空調設備、照明設備等について省エネルギー設備を取り入れ、電力、ガス、水道の使用量をトータルに管理できるBEMS（Building Energy Management System：ビルエネルギー管理システム）を導入している。(注19) 当社が利用しているこのような自立・分散型のエネルギーシステムや再生可能エネルギーは防災機能と親和性が高く、コージェネレーションシステム(注20)を例に挙げれば、平常時は省エネ設備として機能し、災害時等には自立電源として機能する有効な設備となる。

3．産官民の連携とその役割

以上当社の地域防災への取り組みについてみてきたが、産（当社）、官（行政）、民（市民団体）の役割分担について簡潔に整理してみると以下の通りとなる。

当社は災害時には、都市ガス事業者として本業の復旧（「自助」）を優先する必要があり、マンパワーの制約等もあることから地域復旧（「共助」）のための人員等を派遣する余裕はない。その役割は、施設、設備、エネルギーなどの提供を通じたハード面のサポートによる「共助」が中心となる。

（図表Ⅲ－5）新社屋断面図

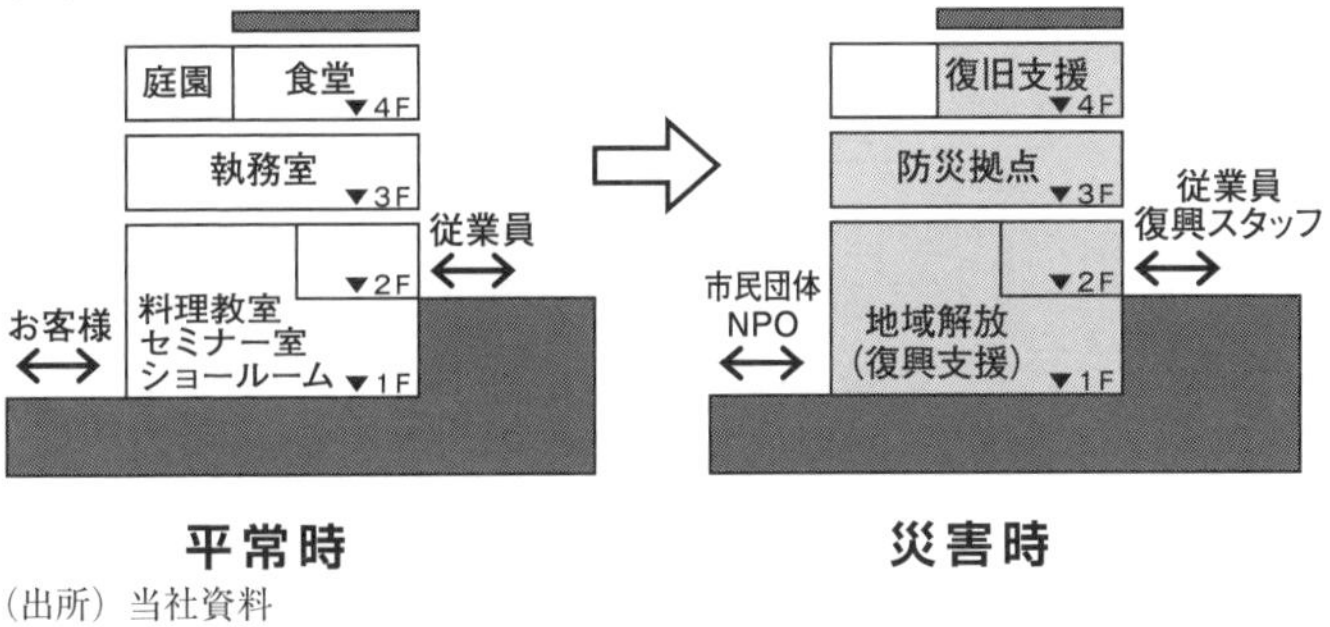

（出所）当社資料

河内長野市の役割（「公助」）は、当社のような地域内の企業と市民団体、地域外の災害支援専門組織との役割分担などについての総合調整および地域防災力向上に向けた平常時の啓蒙活動に取り組むことにある。なお啓蒙活動については、「官・民・産」での勉強会からの延長で市民大学講座（くろまろ塾）として、当社セミナー室にて、「河内長野地域連携防災まちづくり講座」が２０１５年度、２０１６年度に開催された[注21]。

市民団体の役割は、当社の施設や設備などを活用した平常時の活動を通じて、地域住民の防災リテラシーを高める（「自助」）とともに地域のネットワークを構築し、災害時の円滑な支援活動（「共助」）につなげていくことにある。なお現在の活動状況は、当社のセミナー室を活用した市民団体の交流活動や講習会が中心となっている。

このように当社、河内長野市、市民団体は、それぞれのキャパシティに応じた役割責任を考え、「自助」、「共助」、「公助」のバランスを確保しながら地道に地域の防災・減災力の向上を図るための取り組みを続けている（取材日：２０１７年９月６日）。

【注】

（1）２０１０年に制定された「中小企業憲章」においても、中小企業の地域や生活における役割が強調されている

（2）消防庁（２０１７）『自主防災組織の手引き』では、「公助」は国や都道府県、市長村の対応、「自助」は自分の身を自分で守ること、「共助」は普段から顔を合わせている地域や近隣の人びとが集まって、互いに協力し合いながら、防災活動に組織的に取り組むこと、と説明している（同書p.6）

（3）白木渡（２００９）「地域防災の新展開－地域継続計画（ＤＣＰ）の考え方－」かがわ自主ぼう連絡協議会会報第30号

（4）赤間健一（２０１０）「ＤＣＰによるＢＣＰ導入方策に関する研究」『日本テレワーク学会誌』Vol.8 No.2

（5）日本経済団体連合会（２０１３）「企業の事業活動の継続性強化に向けて」p.23、24

（6）準賞受賞作品のなかには「組合ＢＣＰの取組み」（２０１５年度）がある

（7）2年毎に認定継続更新審査があり、適切なマネジメントが必要となってくる

（8）当社はＢＣ連携による合同現場パトロールを総称して「なでしこパトロール」と命名

（9）第3回ＢＣ連携活動は、8月に当社と株式会社福井組が参加し香川大学で初期避難訓練を実施した

（10）公益財団法人岡山県産業振興財団は、困ったときはお互い様の精神に基づき、お互いに協力し合う情報を財団のホームページに公開することを推奨している

（11）地元の特産品である半田素麺の製造元である有限会社倭麺工房と支援協定を締結（食料供給面をサポート）

（12）ＣＥＲＴ（Community Emergency Response Teams）とは自主防災組織の１つであり、緊急事態において自分達の手でコミュニティを守るという「自助」、「公助」を実現するための組織である

（13）緊急時の対応ルールが定まった段階で、災害状況を想定して机上で対応する形式の訓練

（14）徳島大学環境防災研究センターは様々な防災関連の講座を開催している。当社経営陣は同センターの講座を継続して受講しており、適宜アドバイスを受けている

(15) 自主防災組織とは、地域の住民が協力して、災害時に防災活動を行うことを目的に結成する任意団体

(16) まちづくり団体は、長野小学校区まちづくり会議、河内長野市社会福祉協議会、かわちながの市民公益活動推進委員会などが参加。なお勉強会では、地域防災の専門家である紅谷昇平神戸大学特命准教授（現兵庫県立大学准教授）が座長となり活発な議論が行われた。そういう意味では産官学民4者の連携ともいえる

(17) 1階はミーティングや支援者の待機場所として活用することを想定して建設されており、地震にも強い天井材を使用している

(18) 東日本大震災等からの教訓から避難所では細かい打ち合わせや情報交換、意思の統一を図ることが難しく、避難所と独立したスペースを確保することの重要性が指摘されている

(19) 省エネ効果の高いガスを使用、停電時でも発電した電力で空調が利用できる

(20) 非常時には非常用電力を作り出すことができる

(21) 災害時の被害を最小限に抑えるために地域でできることについて考えることが目的で、講師は勉強会のメンバーが交代で担当

【参考文献】

○赤間健一（２０１０）「ＤＣＰによるＢＣＰ導入方策に関する研究」『日本テレワーク学会誌』Vol.8 No.2

○経済産業省（２０１０）「中小企業憲章について」

○消防庁（２０１７）『自主防災組織の手引き』

○白木渡（２００９）「地域防災の新展開－地域継続計画（ＤＣＰ）の考え方－」かがわ自主ぼう連絡協議会会報第30号

○筒井徹（２０１７）「地域機能継続に果たす中小企業の役割」『商工金融』２０１７年１月号

○日本経済団体連合会（２０１３）「企業の事業活動の継続性強化に向けて」

○山本明彦（２０１２）「産官民連携と防災まちづくり」～「地域力」を活かす先導的な災害拠点づくり～日本建築協会『建築と社会』２０１２年８月号

【参考ＵＲＬ】

○株式会社井上組（http://inouegumi.hippy.jp/）2017.07.13閲覧

○経済産業省（http://www.meti.go.jp/）2017.08.31閲覧

○商工中金（http://www.shokochukin.co.jp/）2017.07.18閲覧

○総務省消防庁（https://www.fdma.go.jp/）2017.07.14閲覧

○内閣府防災情報のページ（http://www.bousai.go.jp/）2017.07.14閲覧

○公益財団法人岡山県産業振興財団（http://www.optic.or.jp/）2017.07.14閲覧

○徳島大学環境防災研究センター（http://www.rcmode.tokushima-u.ac.jp/datas/html/index.html）2017.07.14閲覧

おわりに

本書では第１章で組織化の概念を整理し、中小企業の連携組織及び支援機関などについて概観した後に、第２章ではこれまでの「中小企業組織活動懸賞レポート」の受賞作品についての整理・分析を試みた。連携・組織活動の現場の臨場感や関係者の熱い思いを感じ取っていただければ幸いである。また、第３章では、中小企業の連携・組織活動の今後の可能性について検討を加えた。

中小企業は、「わが国経済のダイナミズムの源泉」として、イノベーションの実現に向けて果敢に挑戦し続け、新たな価値を創造していく重責を担っている。しかしながら、依然として中小企業と大企業の経営資源の格差は大きく、中小企業単独の資本力や人的資源、情報力だけで経営課題を解決していくことは容易ではない。連携・組織化は、こうした中小企業の経営資源の不足を補う重要な経営戦略の一つである。「中小企業組織活動懸賞レポート」は、連携・組織活動の現場の経験と教訓が詰まった生きた教材であり、取り組み内容の多様性はその可能性の大きさを示唆するものである。

本書はタイトルにある通り、連携・組織活動が中小企業を強くする有力な戦略であることを伝えることを主眼に置いて執筆作業に入った。しかし、レポートを何度も読み返していくうちに、中小企業の連携・組織活動の多くは、地方創生に資する取り組みであるということに気付かされた。地域社会と共存・共栄関係にある中小企業は、こうした活動を通じて社会的な責任を果たしているのである。

中小企業による連携・組織化の取り組みについては、大きな可能性が広がっている。本書が、中小企業の連携・組織活動の有用性を再認識する一助となれば幸いである。

資　料

中小企業組織活動懸賞レポート受賞作品一覧

（1997年度～2016年度）

受賞年度	内訳	応募主体 受賞者氏名	タイトル
１９９７年度（第１回）	審査員特別賞	兵庫県ゴム製品協同組合 豊崎 悦治	「夢神戸」に震災復興の「夢」を乗せて
	本賞	坂城町ニューリーダー研究会 塚田 吉和	産業空洞化への挑戦
	本賞	福岡ベンチャーシステム研究会 庄嶋 厚生	異業種交流活動の新たな展開へ向けて
	本賞	協同組合秋田さけぷらざ 佐々木 正光	「秋田さけぷらざ」のゆくえ
	本賞	北アルプス塾 勝原 隆彦	情熱と資源が原動力
	準賞	霧島工業クラブ 草野 昭二	地域活性化の先頭に立つ霧島工業クラブ
	準賞	ＢＩＮビジネスネットワーク機構 池田 浩	情報推進の為の組織活動事例
	準賞	東京都異業種交流プラザ’２１ 竹内 利明	異業種交流グループの合併と積極的な情報発信による活性化
１９９８年度（第２回）	本賞	マイウッド株式会社 福山 昌男	有効な組織化・組合活性化のための事例
	本賞	東三河技術士会 神村 民雄	事業創出を目指す技術者集団、東三河技術士会の軌跡
	本賞	ととの魁 萩原 崇嘉	ととの魁ＰＢ日本酒開発事業について
	本賞	船場経済倶楽部 川口 武史	感謝そして夢と希望
	準賞	アインツ協同組合 村上 義治	食品スーパーグループの組織化と物流効率化を目指して

受賞年度	内訳	応募主体 受賞者氏名	タイトル
1999年度（第3回）	本賞	協同組合焼津水産加工センター 山田 耕造	共同施設を中心とした組合運営論
	本賞	協同組合アントレ 山崎 元貴	豆腐業者の苦情を解決するおからのでない豆腐製造法の開発
	本賞	御殿場まちづくり株式会社 相澤 徳義	中心市街地再生に向けて第一歩を踏み出した「森の腰商店街」の事例
	本賞	さきたま利根テクノプラザ 小菅 一憲	「楽らく階段」の製品開発と「さきたま利根テクノプラザの歩み」
	本賞	協同組合茶夢ファクトリー 加納 昌彦	茶業界を活性化するための異業種融合化の試み
	本賞	異業種グループネットワーク東京 竹内 利明	異業種交流グループ間の連携組織を結成
2000年度（第4回）	本賞	舞鶴蒲鉾協同組合 辻 義雄	組合事務所に芽生えた職員の小さな起業家精神
	本賞	一番町四丁目商店街振興組合青年会 小林 昭彦	商店街と消費者における新しいコミュニケーションの場「一番町四丁目大学」
	本賞	島根県エルピーガス事業協同組合 松尾 嘉巳	社会情勢に対応した組合経営
	本賞	ヤーコン協同組合 渡辺 最昭、渡辺 博敏	わが異業種交流グループ奮戦記
	本賞	センチュリー・プラザ・オタル 木村 俊昭	異業種交流による企業連携
	準賞	異業種交流グループ“フロム999” 間瀬 尚孝	異業種交流グループ“フロム999”活動報告

受賞年度	内訳	応募主体 受賞者氏名	タイトル
2001年度（第5回）	本賞	秋田ハイタク事業協同組合 瀬浪 幸雄	わが組合の組織化、活性化の足跡と、これからの組合活動
	本賞	地ビールのむのむネット 斉藤 俊幸	インターネット上の連携組織づくり
	本賞	太田自動車内装品協同組合 吉野 明俊	当組合における外国人研修生の受入れ
	本賞	西新道錦会商店街振興組合 原田 完	典型的な地域密着の近隣型商店街　西新道錦会商店街振興組合の挑戦
	本賞	鹿角市花輪大町商店街振興組合 田中 喜美子	わが組合・わがグループの活性化戦略を語る
	準賞	横浜港運事業協同組合 中村 邦雄	わが組合・わがグループの活性化戦略を語る
2002年度（第6回）	本賞	協同組合広島総合卸センター 朝日 良博	組合再活性化事業への取組
	本賞	豊見城市ウージ染め協同組合 當間 美智子	女性による特産品開発
	本賞	谷中銀座商店街振興組合 堀切 正明	近隣型商店街「活性化事例」
	本賞	企業組合ふるさと薬膳森樹 前島 節子	薬食同源「女性によるレストラン森樹経営」
	本賞	新天町商店街商業協同組合 泰平 尚信	がんばってます新天町
	本賞	御殿場まちづくり株式会社 田代 博久	森の腰商店街ＣＩ事業12年のあゆみ

受賞年度	内訳	応募主体 受賞者氏名	タイトル
2003年度（第7回）	本賞	協同組合焼津水産加工センター 川村 浩之	我組合の労務対策事業と研修生共同受入事業、教育情報事業の活動事例について
	本賞	株式会社商店街ネットワーク 安井 潤一郎、木下 斉	変化に適応する組織化
	本賞	サンカトゥール商店街振興組合 門間 由記子	まちづくり組織としての商店街～長町連合商店街による活性化事例
	準賞	全国家庭用品卸商業協同組合 本田 正一	当組合のＥＤＩ推進活動報告
2004年度（第8回）	本賞	秋田県中小企業団体中央会 藤田 実	組合のネット販売導入に対する指導実例
	本賞	広島使用済自動車適正処理事業協同組合 金子 康紀	使用済み自動車の共同適正処理施設建設事例
	本賞	山形建設工業団地協同組合 渡部 邦夫	ものづくりの基本から人材育成を考える
	本賞	会員制産学官連携組織ARECプラザ 岡田 基幸	年会費5万円の産学連携組織に中小企業130社超が賑わう
	本賞	全国中小企業団体中央会 及川 勝	中小企業組織活動と私
	準賞	協同組合金沢問屋センター 冨木 昭光	組合員のためのＩＴ化（情報化）推進事業への取り組み
	準賞	福岡県中小企業団体中央会 林 優一	既存組合の活性化対策と中央会支援のあり方
	準賞	北海道中小企業団体中央会 馬込 毅	とかち木炭生産企業組合の挑戦
	準賞	北海道中小企業団体中央会 坂本 雄司	網走管内における一次産業と中小企業の連携活動の現状について

受賞年度	内訳	応募主体 受賞者氏名	タイトル
2005年度（第9回）	本賞	協同組合松江天神町商店街 中村 寿男	お年寄りに優しい街づくり＝地域資源活用のすすめ＝
	本賞	被災地労働者企業組合 池内 久芳	企業組合の創業事例「阪神・淡路大震災を契機として」
	本賞	全国中小企業団体中央会 佐久間 一浩	組合活性化に向けての活動事例・提言
	本賞	神奈川県内陸工業団地協同組合 山口 昭生	既存工業団地におけるゼロエミッション事業への取り組みについて
	本賞	函館特産食品工業協同組合 石尾 清廣	イカゴロ（イカ肝臓）の有効活用を目指して
	準賞	武芸川町特産品開発企業組合 杉山 ミサ子	企業組合による創業事例「やっとできた特産品」
	準賞	東友会協同組合 森本 敏文	組合の直面する課題と対応策
	準賞	富山県中小企業団体中央会 菅池 有祐	企業、企業グループにおけるインターネット取引への取組事例及び今後のインターネット取引の展開と可能性について
	準賞	磐田さぎさか工業団地協同組合 大杉 芳範	団地組合事業再構築への取り組み事例
2006年度（第10回）	本賞	大阪機械卸業団地協同組合 杉立 敏幸	「組合員に貢献できる新たな組合」作りを目指して
	本賞	岐阜県中小企業団体中央会 三宅 利勝	新連携体「美濃焼輸出プロジェクト」に携わって
	本賞	福江商店街巡回バス委員会 青山 和好	島の商店街コミュニティビジネスをトリガーとした自立型地域再生モデルの実現
	本賞	茅ヶ崎市商店会連合会 岩澤 裕	持続可能な循環型社会をめざした商店街システム作り
	本賞	宮城県中小企業団体中央会 渡辺 秀己	工業団地組合再活性化のために
	本賞	鹿児島県中小企業団体中央会 永田 福一	組合情報化支援へのITCプロセス適用事例

受賞年度	内訳	応募主体 受賞者氏名	タイトル
2007年度（第11回）	本賞	大分県中古自動車販売商工組合 後藤 豊	中小企業組織活動３０年の総括
	本賞	仙台印刷工業団地協同組合 針生 英一	仙台印刷工業団地のクラスター化に向けた考察
	本賞	佐賀県中小企業団体中央会 角町 修	伊万里有田焼の新しい風と共に
	本賞	岡山県中小企業団体中央会 北山 博幸	施設集約化で海外単価に挑戦!
	本賞	ふるさと萩食品協同組合 中澤 さかな	道の駅／萩しーまーと　ビジネスモデル
	本賞	邑智トラック事業協同組合 駒川 きよみ	組合事業の活性化について
	準賞	協同組合米沢総合卸売センター 佐藤 力	組合員の「仕事」と「育児」の両立支援を目指して
	準賞	岐阜県中小企業団体中央会 大沼 浩宣	ワークライフバランスと中小企業
2008年度（第12回）	本賞	青森県中小企業団体中央会 古川 博志	県産ニンニクのヌーベル・バーグを求めて
	本賞	協同組合青森総合卸センター 藤本 和夫	卸団地の変容とレスポンス
	本賞	株式会社ツルオカ 鶴岡 正顥	わが社の研究開発と事業革新
	準賞	セールスレップ事業協同組合 小塩 稲之	組織化活動の直面する課題とその対応

受賞年度	内訳	応募主体 受賞者氏名	タイトル
２００９年度（第13回）	特賞	岩村田本町商店街振興組合 阿部 眞一	「共に生き、働き、暮らす」商店街創りのために
	本賞	大阪機械卸業団地協同組合 堀川 和義	「機械団地情報化グランドデザイン」の作成について
	本賞	岡山県中小企業団体中央会 村上 豊次	２，５００人を旅行へ招待!
	本賞	協同組合ベイタウン尾道 蔦永 英明	卸団地とともに
	本賞	庄川峡観光協同組合 川崎 和夫	「指定管理者制度」に挑戦！
	本賞	日南商工会議所 黒田 泰裕	商店街再生は食べあるき・町あるきで
	準賞	協同組合日専連青森 木村 哲夫	組合事業統合を乗り越えて
	準賞	沖縄県ホテル旅館生活衛生同業組合 大城 吉永	組合活動４０年のあゆみ
２０１０年度（第14回）	本賞	寿海酒造協業組合 国府 光朗	「食品リサイクル・ループ　エコ循環型経営」構築
	本賞	伊那市商工会 岩附 宏	「訪れた人達が安らぎを覚える、ご城下商店街」を目指して
	本賞	大阪機械器具卸商協同組合 堀家 孝夫、阪口 徳和	当組合が取組む人材育成ーその思いとビジョン
	本賞	島根県中小企業団体中央会 井上 仁	中小企業の環境配慮型経営促進に向けた島根の取り組み
	準賞	函館湯の川温泉旅館協同組合 佐藤 たみ子	湯の川温泉と函館観光の再生のために
	準賞	共立工業株式会社 上野 賢美	金属加工業から装置メーカーへの脱皮と「農商工連携」認定を受けてソリューション事業までの取組

受賞年度	内訳	応募主体 受賞者氏名	タイトル
2011年度（第15回）	本賞	表参道発展会（いなり楽市実行委員会） 藤井 智香子、鈴木 達也、 松山 和雄、藤井 雅大、 佐藤 勝亮、都築 亮一	観光地ゆえに地元の人々にも「親しまれ、信頼される門前町」を目指して
	本賞	滋賀県中小企業団体中央会 中嶋 和繁	滋賀の特産品：鮒寿司由来の新乳酸菌小松菜キムチの開発
	本賞	熊本流通団地協同組合 山内 浩	組合運営は「あきんど！?」魂で
	本賞	泉北光明池専門店事業協同組合 山岸 祥治	空き店舗対策（リーシング活動）で見えた当組合の強みの源泉
	本賞	湖西市商工会 山﨑 怜	脱酒屋で特産品グループの組織化
2012年度（第16回）	本賞	久留米商工会議所 笠 智宣	バニラの街久留米・バニラの福岡県南部地域を目指して
	本賞	ふるさと萩食品協同組合 中村 和也	「萩の地魚、もったいないプロジェクト」の実践
	本賞	協同組合長崎卸センター 笠瀬 伸一郎	組合保有資産総動員での共同事業新規起業、その例として
	本賞	協同組合津卸商業センター 稲森 三也	これからの組合運営と共同事業の在り方
2013年度（第17回）	特賞	広島食品工業団地協同組合 二藤 徹	工業団地における協同組合の使命と事務局の役割
	本賞	富山整容協同組合 笹原 正徳	時代の変化に対応できる組合を目指して
	本賞	全日本機械業連合会 楠本 敏夫	「親睦団体」から脱皮し「儲かる全機連」へ
	本賞	箕面商工会議所 秋田 英幸	商店街活性化の落とし穴
	準賞	滋賀県中小企業団体中央会 早瀬 和志	地域産業のブランド化と産地の自立に向けて
	準賞	音更町商工会 坂井 寛明	ー地域とは運命共同体ー　新たな時代に対応する商工会を目指して

受賞年度	内訳	応募主体 受賞者氏名	タイトル
2014年度（第18回）	本賞	株式会社法勝寺町 石賀 治彦	米子市法勝寺町商店街活動報告
	本賞	埼玉県中小企業団体中央会 島村 守	提案型「組合間連携」支援の取組み
	本賞	協同組合新大阪センイシティー 名和 秀記	二度の再整備事業を経て
	本賞	栃木県中小企業団体中央会 阿久津 隆	栃木県中小企業団体中央会における組織化支援体験報告
	本賞	大正町市場協同組合 川村 かおり	漁師町久礼の台所、大正町市場をもりあげるための活動
	本賞	周南市役所 上野 貴史	子どものパワーで商店街活性化
	本賞	鳥取県金属熱処理協業組合 馬田 秀文	「とりねつ」の工場活性化チャレンジ
	本賞	佐世保卸団地協同組合 山崎 邦彦	倒産跡地買取資金借入１４億からのリスタート
2015年度（第19回）	本賞	仙台印刷工業団地協同組合 武藤 亮	仙台印刷工業団地ビジネスデザインセンター構想とその取り組み
	本賞	協同組合ジェプラ 小幡 光市	パッケージが環境をリードする
	本賞	埼玉県中小企業団体中央会 矢口 加奈子	「全県一斉商店街まつり」開催レポート
	本賞	松本流通センター協同組合 宇治 慎一郎	団地組合を母体とした共同事業の広域化
	準賞	協同組合広島総合卸センター 守田　貞夫	組合ＢＣＰへの取組み

受賞年度	内訳	応募主体 受賞者氏名	タイトル
2016年度（第20回）	本賞	岐阜県金型工業組合 山内 京子	小さな組合だから
	本賞	新潟指定自動車教習所協同組合 渡邊 力	産・学・官・金が連携事業として行うＷＥＢマーケティング
	本賞	協同組合福井ショッピングモール 佐々木 国雄	福井県民が誇りに思える日本一の共同店舗事務局を目指して
	本賞	協同組合広島総合卸センター 松崎 泰雄	組合活性化への取組み
	本賞	中島商店会コンソーシアム 小野寺 芳子	連携による商店街づくり、まちづくり
	本賞	児島商工会議所 末佐 俊治	児島ジーンズストリート構想
	準賞	秩父商工会議所 黒澤 元国	地域活性化における公的支援策の活用と面的支援の重要性について
	準賞	岐阜県可児工業団地協同組合 古田 千尋	岐阜県可児工業団地協同組合、リーマンショックとかく戦えり
	準賞	協同組合ＨＡＭＩＮＧ 中嶋 裕嗣	協同組合ＨＡＭＩＮＧの挑戦
	準賞	宮崎県中小企業団体中央会 増井 一人	協走型組合支援の取組

執筆者紹介

筒井　徹（つつい　とおる）
一般財団法人商工総合研究所主任研究員
神戸大学経済学部卒業後、商工中金を経て商工総合研究所に入所
商工中金では神戸、松山、渋谷、京都、大分の５支店で中小企業金融の現場を経験し、本部では調査、審査、監査業務に従事。
商工総合研究所入所後は中小企業の組織化、金融に関する調査研究及び情報提供活動に従事。

中小企業を強くする連携・組織活動
—中小企業組織活動懸賞レポートにみる成功事例—

2017年12月１日　初版発行
定価：本体1,429円＋税
編集・発行　一般財団法人　商工総合研究所
〒135－0042
東京都江東区木場５-11-17　商工中金深川ビル
ＴＥＬ　03（5620）1691（代表）
ＦＡＸ　03（5620）1697
ＵＲＬ　http://www.shokosoken.or.jp/
発　売　所　官報販売所
印　刷　所　三晃印刷株式会社

＊頁の「欠落」や「順序違い」などがありましたら、お取替えいたしますので、商工総合研究所までお送りください。(送料当研究所負担)

ISBN978-4-901731-27-0　C2034　¥1429E（再生紙使用）